Mon année de

Françoise Picot

Français CE1
Fichier à photocopier

Lecture-compréhension • Étude de la langue • Expression écrite et orale

Programmes modifiés 2018

W0364727

Ressources complémentaires téléchargeables gratuitement :
- Fiches d'évaluation modifiables
- Fiches mémos modifiables avec les notions à retenir en grammaire, orthographe et vocabulaire

mon-annee-francais.nathan.fr

Nathan

Ces fiches sont à proposer aux élèves au moment qui leur convient le mieux, en **fonction de leurs besoins.**

En **lecture**, les activités sont différenciées suivant la complexité des tâches. Des activités spécifiques sont proposées pour chaque séquence sur les points particuliers qui ont pu bloquer la compréhension.
Exemple : en semaine 2, il s'agit, en niveau 1 (+) de repérer des informations explicitement formulées dans le texte, en niveau 2 (++), de repérer des informations en mettant en relation des éléments du texte.

En orthographe, en niveau 1, chaque fiche propose des activités essentiellement phonologiques pour repérer le phonème étudié à l'oral. Ces activités phonologiques sont à réaliser avec l'enseignant(e) qui s'assure que les mots représentés par les dessins sont prononcés correctement. En niveau 2, les mots mémorisés sont revus et des exercices reprennent des particularités abordées dans la séquence concernant l'orthographe des mots contenant le phonème étudié : lettre muette, lettre rappelant une famille de mot, homophones…

En grammaire, la différenciation intervient au niveau des aides apportées pour l'exercice de transposition et pour la constitution de phrases, ainsi que sur la complexité des exercices proposés.

En vocabulaire, en niveau 1, les exercices reprennent plus simplement ce qui est proposé dans le fichier-élève, et une aide spécifique peut être apportée pour aider les élèves à utiliser le mémo. En niveau 2, une activité de recherche en autonomie peut être demandée.

En production écrite, les situations d'écriture sont différenciées en fonction du guidage apporté par l'enseignant(e). En niveau 1, la part d'autonomie est réduite, les élèves complètent des phrases avec des éléments donnés ou connus ; en niveau 2, les élèves sont plus autonomes dans la rédaction.

Conception de la maquette intérieure et mise en page : Mediamax
Illustration de couverture : Céline Bouvier
Conception de la couverture : Delphine d'Inguimbert et Geoffroy Lindenmeyer
Illustrations : Samuel Pereira
Édition : Pascale Costet, Amandine Gauthier

ISBN : 9782091241852

Fiches à photocopier

1 à 98

Fichier-élève 1

Fiche 1+

L'abécédaire pas comme les autres

1 **Écris** le nom de chaque animal.

Le castor qui dort s'appelle ....

Le crocodile s'appelle ....

L'âne s'appelle ....

2 **Relie** chaque phrase à la page d'abécédaire qui convient.

C'est Coco le crocodile qui croque ses cacahuètes.	A
Ursule, rends-toi utile !	C
Albert, arrête tes âneries !	U

3 **Indique** à quelle page de l'abécédaire on pourrait trouver ces phrases.

Où est OuiOui l'otarie ? — Lettre : ......

Vive la vache Violette ! — Lettre : ......

Fiche 1++

L'abécédaire pas comme les autres

1 **Recopie** les paroles de chaque animal.

Quelle cacophonie !

Ursule, rends-toi utile.

2 **Recopie** les phrases en remplaçant chaque mot en gras par un mot du texte qui commence par la lettre *c*.

Silence !

....

Voici Coco le crocodile qui **mange** ses **fruits**.

....

3 **Complète** avec le mot *cacophonie* ou le mot *âneries*.

Tu dis toujours des .... pour faire rire tes amis.

Les enfants tapent n'importe comment sur leur tambour, quelle .... !

1 **Nomme** les dessins. **Entoure** le dessin en bleu quand tu entends [a], en vert quand tu entends [i].

2 **Nomme** les dessins.
Entoure en bleu le point qui correspond à l'endroit où tu entends [a].

• • •

• • • •

• • • • • •

• • • • •

• •

3 **Nomme** les dessins.
Entoure en bleu le point qui correspond à l'endroit où tu entends [i].

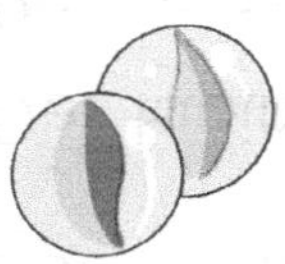
• • •

• • • • •

• • • • •

• •
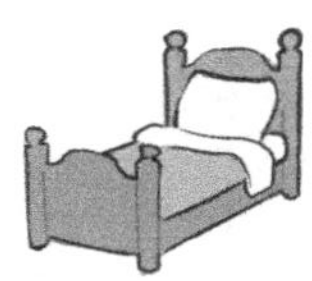
• •

4 **Écris** un mot que tu connais avec :

a : ....

i : ....

1 **Écris** deux mots appris à partir de ces étiquettes.

cances | ver | va | hi

les .... l'..............................

2 **Relie** les syllabes pour former cinq mots. Puis **écris** ces mots.

mar •		un ....
gâ •	• peau	un ....
châ •		un ....
cha •	• teau	un ....
dra •		un ....

3 **Recopie** les nombres dans lesquels tu entends le son [i].

trois - cinq - six - dix - treize - vingt

....

4 **Recopie** les mots qui s'écrivent avec une lettre finale qui ne se prononce pas.

un lit - un mari - une fourmi - une souris - un cri - un nid - du riz - merci - le prix

....

un repas - un boa - un plat - un rat - une véranda - un bras - le cinéma

....

Fiche 3+

La relation sujet-verbe au présent (1)

1 **Souligne** les mots qui changent quand on remplace *Un lapin* par *Des lapins, Il* par *Ils.*

Un lapin croque une carotte.

Puis il mange du maïs.

Des lapins croquent une carotte.

Puis ils mangent du maïs.

2 **Relie** les groupes de mots qui correspondent.

Un lapin •	
Les lapins •	• mange.
Il •	• mangent.
Ils •	

3 **Complète** avec *Un lapin* ou *Des lapins.*

.... mangent.

.... mange.

4 **Complète** avec *Il* ou *Ils.*

.... mangent.

.... mange.

Fiche 3++

La relation sujet-verbe au présent (1)

1 **Complète** chaque phrase.
Attention, le mot souligné change.

Le canari <u>parle</u> à la chouette.

Les canaris ....

Il <u>regarde</u> le crocodile.

Ils ....

2 **Complète** chaque phrase avec *il* ou *ils.*

Le castor <u>porte</u> une branche. .... <u>parle</u> à Ursule.

Les castors <u>portent</u> une branche. .... <u>parlent</u> à Ursule.

Les ânes <u>parlent</u> aux chevaux. .... <u>racontent</u> des bêtises.

L'âne <u>parle</u> aux chevaux. .... <u>raconte</u> des bêtises.

3 **Récris** le texte en remplaçant *L'âne* par *Les ânes.*

L'âne mange un chardon. Il adore les chardons.

....

....

Fiche 4+

Des phrases dans un texte (1)

1 **Lis** ce texte.

Voici un berger sur des échasses. Il est dans un pré.
Il regarde ses moutons cachés dans les hautes herbes.

Colorie la majuscule au début et le point à la fin de chaque phrase.

Écris le nombre de lignes : ....

Écris le nombre de phrases : ....

Recopie la deuxième phrase.

....

2 **Ajoute** les points à la fin de chaque phrase.

Le H est perché sur des échasses   Il passe dans le pré
Il se prend pour un berger

3 **Complète** la phrase. **Pense** au point à la fin de la phrase.

Le H garde ....

Fiche 4++

Des phrases dans un texte (1)

1 **Lis** ce texte.

Voici un berger sur des échasses. Il est dans un pré.
Il regarde ses moutons cachés dans les hautes herbes.
Il peut se déplacer sans se mouiller les pieds.
Quelle bonne idée ces échasses !

Colorie la majuscule au début et le point à la fin de chaque phrase.

Écris le nombre de lignes : ....

Écris le nombre de phrases : ....

Recopie la deuxième phrase.

....

Recopie la phrase terminée par un point d'exclamation.

....

2 **Recopie** ce texte en mettant les majuscules et les points.

Le H est perché sur des échasses il passe dans le pré
il se prend pour le berger des lettres de l'alphabet

....

....

....

Fiche 5+

Alphabêtises Alphabêta

1 **Relie** chaque phrase à la bonne lettre.

Il est perché sur ses échasses. •	• B
Il bombe le torse. •	• H
Il va exploser. •	
Il garde les lettres de l'alphabet. •	

2 **Entoure** les mots qui contiennent la lettre *b*.

Le B bombe le torse,
bombe le ventre ;
s'il continue à ainsi bomber,
il va exploser.

3 **Recopie** les mots qui contiennent la lettre *h*.

Perché sur ses échasses,
voici le H qui passe.
Il se prend pour le berger
des lettres de l'alphabet.

....

....

Fiche 5++

Alphabêtises Alphabêta

1 **Recopie** les phrases en remplaçant chaque mot en gras par un mot du texte qui commence par la lettre *b*.

Le B **gonfle** le torse,

....

gonfle le ventre ;

....

s'il continue à ainsi **gonfler**,

....

il va exploser.

2 **Complète** avec les mots du texte contenant la lettre *h*.

.... sur ses .... ,
voici le H qui passe.
Il se prend pour le berger
des lettres de l'........................ .

3 **Réponds** aux questions.

Quel animal représente le B ? Le ....

Que fait-il pour ressembler au B ? Il ....

....

Quel animal représente le H ? Le ....

Qu'a-t-il dans le bec pour ressembler au H ? Un ....

Fiche 6+

Connaitre l'alphabet (1)

1 **Entoure** les voyelles.

a b c d e f g h i j k l m n o p q r s t u v w x y z

2 **Écris** les réponses aux devinettes.

- Je suis la troisième lettre de l'alphabet.

Que suis-je ? ....

- Je suis entre *j* et *l*.

Que suis-je ? ....

- Je suis juste avant la dernière lettre de l'alphabet.

Que suis-je ? ....

- Je suis juste après la lettre *m*.

Que suis-je ? ....

3 **Écris** les lettres qui manquent en suivant l'ordre alphabétique.

a __ __ __
e __ __ __
i __ __ __
m __ __ __
q __ __ __ __
v __ __ __ __

Fiche 6++

Connaitre l'alphabet (1)

1 **a. Écris** l'alphabet.

1 **A**	2	3	4	5	6	7	8	9	10	11	12	13
14	15	16	17	18	19	20	21	22	23	24	25	26 **Z**

b. Indique le nombre de lettres de l'alphabet : ....

2 **Trouve** les mots codés.
Chaque lettre est remplacée par son rang dans l'alphabet.

8 9 22 5 18

....

12 21 14 4 9

....

3 **Code** le mot *alphabet*.

....

4 **Code** un mot et fais-le trouver par tes camarades.

....

Fiche 7+

Écrire des phrases d'un abécédaire

1 **a. Complète** chaque phrase avec le mot qui convient.

chaton - antilope - biche - beau - ananas - chatte

Babette la .... berce un .... bébé.

Anouk l'.................... adore l'.................... .

Chouchou la .... cherche son ....

b. Recopie une des phrases. Puis **écris** la lettre illustrée par cette phrase.

....

....

Vérifie que tu as mis la majuscule et le point.

2 **Choisis** un fruit et un animal parmi ces mots :

un orange - une olive

un oiseau - une otarie - un ouistiti

Écris la lettre illustrée par cette phrase puis **complète**-la avec les mots choisis.

Omer l'ours offre ....

à ....

Vérifie que tu as écrit des mots qui commencent par la lettre *o* et que tu as mis le point.

Fiche 7++

Écrire des phrases d'un abécédaire

1 **Lis** tous ces mots.

- gorille - guépard - tigre - renard - tortue - requin - gazelle - rat - rhinocéros
- rêve - travaille - rencontre - grimpe - regarde - trouve - goute - ramasse - glisse - gagne - reste - guette - ronge
- grand - rapide - gros - roux - gris - triste - gourmand
- garage - rue - tapis - gâteau - glace - table - rocher - grue - galerie - raisin - route - ruisseau - roseau - terre - tanière

2 **Choisis** une lettre que tu peux illustrer avec ces mots :

3 **Choisis** un animal commençant par cette lettre et **donne**-lui un nom :

....

4 Puis **écris** une phrase pour dire ce que fait cet animal en choisissant des mots parmi ceux de l'activité.

....

Tu peux **choisir** une autre lettre, un autre animal et **écrire** une phrase.

....

....

Vérifie que tu as mis des mots qui commencent par la bonne lettre et que tu as mis la majuscule et le point.

Zoo dans ma main (1)

1 **Relie** chaque information à l'animal qui convient.

C'est un mammifère qui peut voler. •	• l'éléphant
C'est un mammifère qui se déplace en famille. •	• le toucan toco
Il mange des fruits et des baies. •	• la chauvesouris

2 **Réponds** aux devinettes.

Avec ma trompe, j'aspire le nectar des fleurs.

Je suis ....

Avec ma trompe, j'aspire de l'eau.

Je suis ....

3 **Complète** les informations avec des mots indiquant des couleurs.

Le toucan a un bec ...., un corps ....

Il a un cou .... et des ronds .... autour des yeux.

4 **Recopie** la phrase qui indique ce que mange la chauvesouris.

....

....

Zoo dans ma main (1)

1 **Recopie** le nom des trois animaux que l'on trouve en Amérique.

....

....

2 **Relie** chaque information à l'animal qui convient.

C'est un animal qui utilise sa trompe pour porter la nourriture à sa bouche. •	• le papillon
C'est un insecte qui se transforme pour devenir adulte. •	• le toucan toco
C'est un animal qui aime les endroits sombres. •	• la chauvesouris
C'est un oiseau. •	• l'éléphant

3 **Recopie** les mots du texte qui ont le même sens que les mots en gras.

un endroit **où il ne fait pas très clair**

un endroit ....

La chauvesouris est **accrochée** la tête en bas.

La chauvesouris est .... la tête en bas.

Le toucan toco mange des **petits fruits à pépins**.

Le toucan toco mange des ....

Fiche 9+

Le son [y] comme et [u] comme

1 **Nomme** les dessins. **Entoure** le dessin en bleu quand tu entends [y], en vert quand tu entends [u].

12

2 **Nomme** les dessins.
Entoure en bleu le point qui correspond à l'endroit où tu entends [y].

3 **Nomme** les dessins.
Entoure en bleu le point qui correspond à l'endroit où tu entends [u].

4 **Écris** un mot que tu connais avec :

u : ....

ou : ....

Fiche 9++

Le son [y] comme et [u] comme

1 **Écris** deux mots appris à partir des étiquettes suivantes.

[nute] [nettes] [lu] [mi]

des .... une ....

2 **Complète** chaque phrase avec le bon mot.

[bout] - [bu] Dans la casserole, l'eau ....
L'enfant a .... tout son bol de chocolat.

[rue] - [roux] Le renard a un pelage ....
Dans la ...., il y a beaucoup de monde.

[sur] - [sourd] Papi est un peu ....
Les assiettes sont .... la table.

[du] - [doux] Il a .... savon dans les yeux.
Le pelage du chat est ....

3 **Complète** chaque phrase avec un de ces mots appris.

[plus] - [rouge] - [toujours] - [découper]

Le bébé ne veut .... boire. Il crie. Il est tout ....

Zoé aime bien .... du papier.

Elle fait .... de belles guirlandes.

4 **Recopie** les mots ayant une lettre finale qui ne se prononce pas.

beaucoup - un clou - une roue - la boue - un trou - vous

....

Fiche 10+

La relation sujet-verbe au présent (2)

1 **Lis** ces deux textes.

Je suis dans la savane.
J'ai deux lionceaux.
Je chasse pour le lion.

La lionne est dans la savane.
Elle a deux lionceaux.
Elle chasse pour le lion.

Relie les groupes de mots qui vont ensemble.

	• ai
La lionne •	• suis
Je •	• est
J' •	• chasse

2 **Complète** avec *Je* ou *J'*. Puis **récris** les phrases.

.... suis dans la savane.

....

.... ai des lionceaux.

....

3 **Complète** avec *Elle* ou *Je*.

.... est dans la savane.

.... suis dans la savane.

Fiche 10++

La relation sujet-verbe au présent (2)

1 **Complète** chaque phrase. Le mot souligné change.

La chouette <u>est</u> un oiseau.

Je ....

Elle <u>a</u> de gros yeux ronds.

J' ....

Elle <u>chasse</u> la nuit.

Je ....

2 **Complète** chaque phrase.

Je <u>suis</u> un oiseau.

L'hirondelle ....

J'<u>ai</u> une queue fourchue.

Elle ....

Je <u>chasse</u> des insectes.

Elle ....

3 **Récris** le texte en remplaçant *La vache* par *Je*.

La vache est un mammifère. Elle a du lait.
Elle mange de l'herbe.

....

....

Fiche 11+

Des groupes nominaux (1)

1 **Souligne** en bleu les mots qui désignent un animal et en vert les mots qui désignent une chose.

un chapeau	une maison	le chien
la voiture	un lion	une girafe
le cahier	la vache	le livre

2 **Entoure** le petit mot qui est devant chaque mot désignant un animal ou une chose.

la gomme	le tigre	l'ours
un dauphin	une bille	un cartable
le ballon	la baleine	l'âne

3 **Complète** avec deux mots de l'exercice 1 désignant un animal.

un .... la ....

Complète avec deux mots de l'exercice 1 désignant une chose.

une .... le ....

4 **Recopie** deux mots de l'exercice 2.

la .... un ....

Fiche 11++

Des groupes nominaux (1)

1 **Recopie** les mots qui désignent des animaux avec le petit mot qui est devant.

Dans un film, Liam a vu des singes, un zèbre, une girafe, une lionne blanche et une gazelle qui courait.

....

....

2 **Recopie** les mots qui désignent des choses avec le petit mot qui est devant.

Dans un cartable, Séléna a mis des cahiers, un livre, une trousse avec des crayons et une gomme.

....

....

3 **Complète** chaque phrase avec des mots qui désignent des animaux. Tu peux t'aider des textes de la page 16 de ton fichier.

La chauvesouris mange des ...., et parfois des .... et des ....

Avant d'être un papillon, je suis une ....

Je suis le plus grand mamifère terrestre : je suis l'.. .

Zoo dans ma main (2)

1 **Relie** chaque information à l'animal qui convient.

Je vis dans le désert. •	• le castor
Mes dents sont solides. •	• le renard
Je suis malin. •	• le lapin
J'ai des griffes puissantes. •	• la gerboise

2 **Écris** *Vrai* ou *Faux*.

Le lapin vit en groupe. ....

Le lapin a des dents qui cassent facilement. ....

La gerboise a des moustaches qui sont longues. ....

Le castor construit une hutte au milieu des bois. ....

3 **Complète** la phrase en ajoutant les informations données dans le texte.

Le renard a une queue ....

....

....

....

Zoo dans ma main (2)

1 **Recopie** le nom des trois animaux que l'on trouve en Asie.

....

....

2 **Relie** chaque information à l'animal qui convient.

Je peux vivre avec un blaireau. •	• le lapin
J'ai peur des renards. •	• le renard
J'ai des pattes arrière qui sont longues. •	• le castor
Je coupe des arbres. •	• la gerboise

3 **Recopie** les mots du texte qui ont le même sens que les mots en gras.

Le lapin **sent très bien toutes les odeurs**.

Le lapin a un ....

Je suis un **petit animal qui ronge**.

Je suis un ....

J'ai des dents **qui coupent bien**.

J'ai des dents ....

Je construis des huttes au milieu des **petites rivières et des ruisseaux**.

Je construis des huttes au milieu des ....

Fiche 13+

Des mots pour parler des animaux

1 **Complète** les phrases avec les mots ci-dessous.

pelage – plumes – écailles – carapace – plumage – poils

- Le corps du serpent est recouvert d'.......................... .
- Le corps du chat est recouvert de .... C'est son ....
- Le corps d'un oiseau est recouvert de .... C'est son ....
- La tortue rentre sa tête sous sa .... quand elle a peur.

2 **Complète** les phrases en donnant des indications sur la taille.

immense – longues – grands – petite

- La gerboise a des moustaches qui sont ....
- Le lapin a une .... queue et des .... yeux.
- Le toucan a un bec ....

3 **Complète** les phrases en donnant des indications sur la couleur.

jaune – blanche – noir – blanc

- Le toucan a un corps ...., un cou ...., et un bec ....
- La queue du renard se termine par une tache ....

Fiche 13++

Des mots pour parler des animaux

1 **Complète** chaque liste avec ces noms d'animaux.

le pigeon – le boa – la vache – le papillon

- des mammifères : le cheval, le chat, l'éléphant, le tigre, ...
- des oiseaux : l'hirondelle, le toucan toco, la poule, ...
- des reptiles : la vipère, le python, ...
- des insectes : le moustique, la coccinelle, ...

2 **Remplace** chaque mot en gras par un mot plus précis.

Je **fais** un terrier. Je ....

Je **fais** une hutte. Je ....

Je **prends** les fruits. J'.......................... .

Avec ma trompe, je **prends** de l'eau. J'.......................... .

3 **Relie** chaque mot à sa définition.

rongeur •	• Oiseau qui a un bec puissant et de grosses griffes pour attraper les petits animaux qu'il mange.
rapace •	• Animal qui a des dents tranchantes et ronge ses aliments.

Fiche 14+

Décrire un animal

1 **Écris** le titre du texte.
Puis **complète**-le avec les mots ci-dessous.

escalader - deux petites cornes - broute - la tête

....

Je suis un mammifère.

J'ai .... sur ....

Je .... de l'herbe.

Je suis agile, je peux .... des rochers.

2 **Recopie** le texte que tu as écrit pour parler de la chèvre.
Ajoute une phrase pour dire ce que l'on fait avec son lait.

....

....

....

....

....

....

....

Vérifie que tu as mis les majuscules et les points.

Fiche 14++

Décrire un animal

1 **Complète** la description de l'animal en t'aidant des mots du mémo et des textes du fichier-élève pages 16 et 22.

Le dromadaire

.... un mammifère qui vit dans le ....

J'ai une grosse .... sur le ....

J'ai un .... de la couleur du sable.

.... de .... jambes minces.

Je peux rester six semaines sans boire.

Vérifie que tu as mis les majuscules et les points.

2 **Écris** un titre et trois phrases pour décrire le zèbre.
Tu peux utiliser les mots suivants : *savane – rayures.*
Dans la dernière phrase, **indique** de quels animaux il se méfie.

....

....

....

....

....

....

Vérifie que tu as mis les majuscules et les points et que tu as bien écrit *j'ai* et *je suis.*

Fiche 15+

Le grain de riz (1)

1 **Entoure** les trois mots qui présentent le héros.

vieux – jeune

femme – homme

pauvre – riche

Complète la phrase.

Le héros de l'histoire est un ....

2 **Écris** *Vrai* ou *Faux*.

Le 31 décembre est le premier jour de l'année. ....

Le 31 décembre est le dernier jour de l'année. ....

Le 31 décembre, on fait un bon repas. ....

Le 31 décembre, on fait un repas normal. ....

3 **Complète** en t'aidant du texte.

Dans sa cuisine, il ne lui restait plus rien : pas de pommes de terre, pas de spaghettis, pas de ...., pas de haricots, pas de ...., pas de pain, pas de sucre, pas de ...., pas de lait, rien, rien, rien.

Fiche 15++

Le grain de riz (1)

1 **Recopie** les deux questions que se pose le jeune homme.

....

....

Vérifie que tu n'as pas fait d'erreurs en recopiant les phrases.

2 **Lis** les deux résumés.
Entoure celui qui résume le mieux le texte.

Un jeune homme pauvre veut faire un bon repas le soir du 31 décembre. Il va dans sa cuisine et il cherche ce qu'il va pouvoir manger. Mais il ne trouve rien. Il ne lui reste rien à manger.

Un jeune homme veut manger. Il va dans sa cuisine. Il ne trouve pas de pommes de terre, pas de couscous, pas de sucre, pas de pain. Mais il a du chocolat et du lait.

3 **Relie** chaque mot en gras à la personne désignée.

Qu'est-ce que **j'**ai dans ma cuisine ?	•	• le jeune homme pauvre
D'habitude, ce jour-là, **on** fait un bon repas.	•	• tout le monde
Il va dans la cuisine.	•	

Fiche 16+

Le son [l] comme

1 **Nomme** les dessins. **Entoure** le dessin quand tu entends [l].

   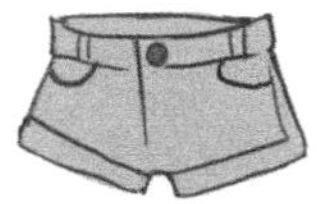 

2 **Nomme** les dessins.
Entoure le point qui correspond à l'endroit où tu entends [l].

● ● ● ●

● ● ● ● ● ●

● ● ● ●

● ● ● ● ●

● ● ● ●

3 **Lis** ces mots. Puis **recopie**-les sur la bonne ligne.

une boule – la colle – le chocolat – loin – allumer – une bulle – une salle – la pluie

[l] s'écrit avec **l** : ....

....

[l] s'écrit avec **ll** : ....

....

4 **Réponds** aux devinettes.

Je suis un meuble sur lequel on se couche pour dormir :
le ....

Je suis ce que l'on met devant les yeux pour mieux voir :
les ....

Fiche 16++

Le son [l] comme

1 **Écris** deux mots appris à partir des étiquettes suivantes.

a | cho | mer | lat | llu | co

.... du ....

2 **Recopie** les mots dans la bonne colonne.

une salle – une ficelle – une bulle – un cheval – la colle – belle – une valise – une boule – un salon – une école

le mot a un **l**	le mot a deux **ll**
....	....
....	....
....	....

3 **Recopie** les mots dans lesquels tu entends le son [l].

une bille – une balle – des lentilles – une ville

une .... une ....

4 **Recopie** les deux mots invariables.

plus – la colle – loin – la pluie

....

5 **Recopie** les trois mots qui s'écrivent avec une lettre finale qui ne se prononce pas.

la pluie – un animal – du chocolat – du lait – un fil – du miel

....

Fiche 17+

La relation sujet-verbe au présent (3)

1 **Souligne** les mots qui changent quand on remplace *Un garçon* par *Deux garçons*, *Il* par *Ils*.

Un garçon a envie d'une glace.
Il va dans la cuisine. Il ne trouve rien.

Deux garçons ont envie d'une glace.
Ils vont dans la cuisine. Ils ne trouvent rien.

2 **Relie** les groupes de mots qui vont ensemble.

Le garçon •	
Les garçons •	• trouve.
Il •	• trouvent.
Ils •	

3 **Complète** avec *Un garçon* ou *Deux garçons*.

.... ont faim.
.... a faim.

4 **Complète** avec *Il* ou *Ils*.

.... vont dans la cuisine.
.... va dans la cuisine.

Fiche 17++

La relation sujet-verbe au présent (3)

1 **Complète** chaque phrase. Le mot souligné change.

Un garçon <u>a</u> soif.
Deux garçons ....

Il <u>va</u> dans la cuisine.
Ils ....

Il <u>verse</u> de l'eau dans un verre.
Ils ....

2 **Complète** chaque phrase. Le mot souligné change.

Les garçons <u>ont</u> chaud.
Le garçon ....

Ils <u>vont</u> dans l'eau.
Il ....

Ils <u>nagent</u>.
Il ....

3 **Récris** le texte en remplaçant *Le garçon* par *Les garçons*.

Le garçon a froid. Il va près du feu. Il reste dans le fauteuil.

....
....

Fiche 18+

Des phrases dans un texte (2)

1 **Lis** ce texte.

La vieille table a un tiroir. Le jeune homme voit une fente.

Le grain de riz est dans la fente.

Colorie la majuscule au début de chaque phrase et le point à la fin de chaque phrase.

Écris le nombre de lignes : ....

Écris le nombre de phrases : ....

Recopie la troisième phrase.

....

2 **Relie** *de qui on parle* à *ce qu'on en dit.*

La vieille table •	• est dans la fente.
Le grain de riz •	• voit une fente.
Le jeune homme •	• a un tiroir.

3 **Recopie** la phrase en mettant les deux groupes de mots dans l'ordre.
Pense à la majuscule et au point.

regarde le grain de riz – le jeune homme

....

Fiche 18++

Des phrases dans un texte (2)

1 **Lis** ce texte.

Le jeune homme a un grain de riz. Il veut le faire cuire. Mais le pauvre garçon n'a plus de casserole. Il a vendu toute sa vaisselle.

Écris le nombre de lignes : ....

Écris le nombre de phrases : ....

Recopie la quatrième phrase.

....

2 **Lis** les phrases. **Entoure** *de qui on parle* et *ce qu'on en dit.*

Le pauvre garçon veut une casserole.

Il veut cuire le grain de riz.

3 **Recopie** la phrase en mettant les groupes de mots dans l'ordre.
Pense à la majuscule et au point.

a envie de manger son grain de riz – le jeune homme pauvre

....

....

4 **Complète** la phrase en écrivant *de quoi on parle.*

.... est dans le tiroir de la table.

Fiche 19+

Le grain de riz (2)

1 **Barre** la phrase qui est fausse.

Le jeune homme a trouvé un grain de riz dans son lit.

Le jeune homme a trouvé un grain de riz dans un tiroir.

Le jeune homme veut jeter le grain de riz.

Le jeune homme veut manger le grain de riz.

Le jeune homme n'a plus de casserole pour cuire le riz.

Le jeune homme a une grande casserole pour cuire le riz.

2 **Dessine** ce qui manque au jeune homme pour cuire son grain de riz.

3 **Recopie** la phrase qui explique pourquoi le jeune homme n'a plus de casserole.

....

....

Fiche 19++

Le grain de riz (2)

1 **Recopie** ce que pense le jeune homme.

....

....

2 **Lis** les deux résumés.
Entoure celui qui résume le mieux le texte.

Le jeune homme pauvre a trouvé un grain de riz coincé dans la fente d'un tiroir. Il le fait cuire dans une grande casserole. Puis il le mange lentement, lentement.

Le jeune homme pauvre trouve un grain de riz coincé dans la fente d'un tiroir. Il veut le faire cuire pour le manger. Mais il a vendu toute sa vaisselle alors il n'a plus de casserole.

3 **Recopie** les phrases en remplaçant les mots en gras par les mots du texte qui conviennent.

Il trouve un grain de riz **bloqué** dans une fente du tiroir.

....

....

....

Je vais le faire cuire, ça **m'amusera un peu**.

....

Il a vendu **ses verres**, **ses assiettes**, **ses bols**, **ses casseroles**.

....

....

a b c d e f g h i j k l m n o p q r s t u v w x y z

Trace un chemin pour aider le garçon à retrouver son ballon dans le jardin. Pour cela, **suis** l'ordre alphabétique.

1 **Entoure** *Vrai* ou *Faux*.

- E est après I — Vrai — Faux
- O est avant Q — Vrai — Faux
- L est avant N — Vrai — Faux
- D est après B — Vrai — Faux
- K est après P — Vrai — Faux
- M est après L — Vrai — Faux
- T est après V — Vrai — Faux

2 **Écris** les deux lettres qui viennent avant et les deux lettres qui viennent après.

......	......	D	......	......	......	......	J	......	......
......	......	T	......	......	......	......	L	......	......
......	......	P	......	......	......	......	V	......	......

3 **Classe** ces douze lettres dans l'ordre alphabétique.

e q y n s a d r f l v i

....

Fiche 21+

Écrire le début d'un conte

1 **Relis** le début du conte.

Il était une fois un jeune homme très pauvre. Le soir du 31 décembre, il veut faire un bon repas. Mais il n'a plus rien à manger dans sa cuisine : pas de pommes de terre, pas de spaghettis, pas de couscous, pas de haricots, rien, rien, rien.
Dans le tiroir d'une vieille table, il trouve un grain de riz.

Recopie la phrase qui présente le personnage principal.

....

Vérifie que tu as mis la majuscule et le point.

2 **Complète** les phrases pour répondre aux questions.

Que veut faire le jeune homme le soir du 31 décembre ?

Le soir du 31 décembre, il veut ....

....

Que trouve le jeune homme ?

Le jeune homme ....

Où trouve-t-il le grain de riz ?

Il trouve ....

....

Vérifie que tu as mis un point à la fin de chaque phrase.

Fiche 21++

Écrire le début d'un conte

1 **Relis** le texte page 35 de ton fichier.

2 **Lis** les idées pour écrire un conte.
Complète la dernière idée.

Le personnage principal : un jeune garçon très pauvre

Le jour où se déroule l'histoire : le jour de son anniversaire

Ce que le personnage veut faire : un bon gouter

Le problème : il n'a rien dans sa cuisine. Il n'a pas de gâteaux, pas de boisson, pas de verres, pas d'assiettes.

Ce qu'il trouve : .... **Où** : ....

3 **Complète** le texte pour écrire le début du conte.

Il était une fois un ....

Le jour de ...., il veut ....

....

Mais il n'a plus rien .... :

....

....

rien, rien, rien.

Dans ...., il trouve ....

Vérifie que tu as complété les quatre phrases et que tu n'as pas fait d'erreurs en recopiant les mots.

Fiche 22+

Le grain de riz (3)

1 **Relie** chaque question à sa réponse.

Qui le jeune homme va-t-il trouver ? •	• Oui, le voisin accepte.
Pourquoi le jeune homme a-t-il besoin d'une casserole ? •	• Le jeune homme va trouver le voisin.
Pourquoi demande-t-il une grande casserole ? •	• Il demande une grande casserole car le riz cuit dans beaucoup d'eau.
Est-ce que le voisin prête une casserole au jeune homme ? •	• Le jeune homme a besoin d'une casserole pour cuire le riz.

2 **Écris** qui prononce ces paroles.

le jeune homme – le voisin

.... : – D'accord, je te prête la casserole, mais ce soir, je viens manger avec toi.

.... : – D'accord, quand y en a pour un, y en a pour deux.

3 **Coche** qui est désigné par *tu*.

– **Tu** me prêtes une casserole ?

☐ le jeune homme

☐ le voisin

Fiche 22++

Le grain de riz (3)

1 **Complète** les réponses aux questions.

• Qui le jeune homme va-t-il trouver ?

Le jeune homme va ....

• Pourquoi le jeune homme a-t-il besoin d'une casserole ?

Le jeune homme a besoin d'une casserole car il veut ....

....

• Pourquoi demande-t-il une grande casserole ?

Il demande une grande casserole car il faut ....

....

• Est-ce que le voisin prête une casserole au jeune homme ?

......................., le voisin ....

....

2 **Relie** chaque mot en gras à la personne désignée.

– **Tu** peux me prêter une casserole ? •	
J'ai du riz à faire cuire. •	• le jeune homme
– **Je** te passe une casserole. •	
Laquelle veux-**tu**, la petite ou la grande ? •	• le voisin
– **Il** doit avoir beaucoup de riz. •	

3 **Recopie** la question posée par le voisin.

....

Fiche 23+

Le son [r] comme

1 **Nomme** les dessins. **Entoure** le dessin quand tu entends [r].

2 **Nomme** les dessins.
Entoure le point qui correspond à l'endroit où tu entends [r].

●●● ●●●● ●●●●●● ●●●● ●●●●●

3 **Lis** ces mots. Puis **recopie**-les sur la bonne ligne.

arriver - rentrer - derrière - prendre - la terre -
un carré - marron - la forêt

[r] s'écrit **r** : ....

[r] s'écrit **rr** : ....

4 **Écris** les réponses aux devinettes.

Je suis la saison après l'automne : l'..................

Je suis un chemin avec du goudron dans une ville :

une ....

Fiche 23++

Le son [r] comme

1 **Écris** deux mots appris à partir de ces étiquettes.

ca rron ma rré un ....

2 **Recopie** les mots dans la bonne colonne.

arriver - la terre - rentrer - prendre - une fenêtre
une poire - du beurre - arrêter

le mot a un **r**	le mot a deux **rr**
....	....
....	....

3 **Complète** avec le mot qui convient.

roue - loup La .... du vélo est cassée.
Le .... est gris.

rond - long Le nez de Pinocchio est ....
Le ballon est ....

bord - bol Il boit du café dans un ....
Le pêcheur est au .... de la rivière.

4 **Complète** la phrase avec le mot invariable appris.

Dans la classe, Amir est .... Loana.

5 **Recopie** les quatre mots qui s'écrivent avec une lettre finale qui ne se prononce pas.

la forêt - la rue - l'hiver - une tour - le prix - le bord - un car

....

La relation sujet-verbe au présent (4)

1 **Souligne** les mots qui changent quand on remplace *Les deux garçons* par *Le garçon*, *Ils* par *Il*.

Les deux garçons sont à la maison.

Ils ont mal au ventre. Ils demandent à Maman de rester au lit.

Le garçon est à la maison.

Il a mal au ventre. Il demande à Maman de rester au lit.

2 **Relie** les groupes de mots qui vont ensemble.

Les garçons •	
Le garçon •	• sont à la maison.
Il •	• est à la maison.
Ils •	

3 **Complète** avec *demande* ou *demandent*.

Les deux garçons .... de rester au lit.

Le garçon .... de rester au lit.

4 **Complète** avec *Il* ou *Ils*.

.... a mal au ventre.

.... ont mal au ventre.

5 **Complète** avec *ont* ou *sont*.

Les garçons .... mal au ventre, ils .... à la maison.

La relation sujet-verbe au présent (4)

1 **Complète** chaque phrase. Le mot souligné change.

Deux garçons <u>sont</u> au stade.

Un garçon ....

Ils <u>ont</u> un ballon.

Il ....

Ils <u>poussent</u> le ballon avec le pied.

Il ....

2 **Complète** chaque phrase avec *il* ou *ils*.

Les renards creusent un terrier, ... sont très malins.

Le renard creuse un terrier, ... est très malin.

Le garçon regarde dans les placards. .... regarde dans les placards.

Les garçons regardent dans les placards. .... regardent dans les placards.

Le lapin a une petite queue. .... a une petite queue.

Les lapins ont une petite queue. .... ont une petite queue.

3 **Récris** le texte en remplaçant *Le voisin* par *Les voisins*.

Le voisin est à la maison. Il a une casserole.
Il prête la casserole.

....

....

Fiche 25+

Des groupes nominaux (2)

1 **Souligne** en bleu les mots qui désignent une personne et en vert les mots qui désignent une chose.

un bateau	ton père	le cuisinier
le sable	un pompier	une voiture
la trousse	la maitresse	la nageuse

2 **Entoure** le petit mot devant chaque mot désignant une personne ou une chose.

la sorcière	un ogre	la branche
l'eau	le voisin	un jardin
un autobus	la voisine	le pantalon

3 **Complète** avec deux mots de l'exercice 1 désignant une personne.

le .... une ....

Complète avec deux mots de l'exercice 1 désignant une chose.

un .... la ....

4 **Recopie** deux mots de l'exercice 2.

la .... un ....

Fiche 25++

Des groupes nominaux (2)

1 **Retrouve**, dans chaque phrase, les mots qui désignent des personnes. **Recopie**-les avec le petit mot qui est devant.

Dans la cour, le maitre discute avec la maitresse. Un garçon et une fille tombent. La directrice arrive avec le père et la mère d'une élève.

....

....

....

2 **Retrouve**, dans la phrase, les mots qui désignent des choses. **Recopie**-les avec le petit mot qui est devant.

Dans la chambre, il y a un livre sur le lit, une voiture sur le tapis, un garage derrière la porte, une poupée sur le bureau.

....

....

....

3 **Complète** la phrase avec deux mots qui désignent une personne.

Le .... va trouver le ....

4 **Complète** la phrase avec deux mots qui désignent une chose.

Le voisin prête une .... pour cuire le ....

Le grain de riz (4)

1 **Relie** chaque question à sa réponse.

Qui le jeune homme va-t-il trouver ? •	• Le jeune homme a besoin d'eau pour cuire le riz.
Pourquoi le jeune homme a-t-il besoin d'eau ? •	• Le jeune homme n'a pas d'eau chez lui car, à l'époque, il n'y a pas l'eau courante dans les maisons.
Pourquoi le jeune homme n'a-t-il pas d'eau chez lui ? •	• Il faut aller chercher de l'eau à la fontaine.
Où faut-il aller chercher de l'eau à cette époque-là ? •	• Le jeune homme va trouver la voisine.

2 **Écris** qui pense ou qui prononce ces paroles.

le jeune homme - la voisine

.... : « La voisine, elle va bien me passer un peu d'eau. »

.... : – J'ai du riz à faire cuire pour ce soir.

.... : – Je viendrai manger le riz avec vous.

3 **Écris** le nom des trois personnes qui vont manger le grain de riz.

....

Le grain de riz (4)

1 **Complète** les réponses aux questions.

- Qui le jeune homme va-t-il trouver ?

Le jeune homme va ....

- Pourquoi le jeune homme a-t-il besoin d'eau ?

Le jeune homme a besoin d'eau pour ....

- Pourquoi le jeune homme n'a-t-il pas d'eau chez lui ?

Le jeune homme n'a pas d'eau chez lui car à cette époque-là, ...

- Où faut-il aller chercher de l'eau à cette époque-là ?

Il faut aller chercher l'eau ....

2 **Coche** ce qui est vrai.

Le jeune homme ne veut pas aller chercher de l'eau :

- ☐ parce qu'elle est gelée.
- ☐ parce qu'il fait froid.
- ☐ parce qu'il a des rhumatismes.

La fontaine est :

- ☐ loin de la maison du jeune homme.
- ☐ près de la maison du jeune homme.

Pour tirer l'eau, il faut :

☐ tourner un robinet. ☐ faire marcher une pompe.

3 **Recopie** la question posée par le jeune homme.

....

Fiche 27+

Des mots pour dire le contraire

1 **Complète** la phrase avec le contraire de chaque mot en gras.

grande – pauvre – dernier – jeune

Il était une fois un homme **vieux** et **riche**.

Il était une fois un homme .... et ....

Le **premier** jour de l'année, il veut faire un bon repas.

Le .... jour de l'année, il veut faire un bon repas.

Il va cuire le riz dans une **petite** casserole.

Il va cuire le riz dans une .... casserole.

2 **Relie** les mots en gras à leur contraire.

une peau **épaisse** •	• lisse
une peau **ridée** •	• fine
une queue **longue** •	• minuscule
un bec **immense** •	• courte

3 **Coche** le sens du mot en gras.

Il **accepte** de manger :
- ☐ Il veut bien manger.
- ☐ Il ne veut pas manger.

Il **refuse** de jouer :
- ☐ Il veut bien jouer.
- ☐ Il ne veut pas jouer.

Fiche 27++

Des mots pour dire le contraire

1 **Recopie** chaque phrase en écrivant le contraire des mots en gras.

finit – refuse – démolit – vend

Le jeune homme **achète** de la vaisselle.

....

Mina **commence** son travail.

....

On **construit** un immeuble.

....

Kim **accepte** de chanter.

....

2 **Relie** les mots en gras à leur contraire.

un pull **propre** •	• fermée
une soupe **froide** •	• sale
un chien **méchant** •	• chaude
une porte **ouverte** •	• gentil

3 **Complète** chaque phrase avec un des mots proposés.

étroite – large

Le camion ne peut pas passer, la rue est ....

Le camion peut passer, la rue est ....

lourd – léger

Le sac est ...., je peux le porter.

Le sac est ...., je ne peux pas le porter.

Écrire une rencontre dans un conte

1 **Relis** la rencontre avec la voisine.

Le jeune homme va trouver sa voisine.
- Tu peux me passer de l'eau pour cuire du riz pour le voisin et moi ?
- D'accord, mais je me suis donné du mal pour aller à la fontaine, alors je viendrai manger avec vous.
- D'accord, quand il y en a pour deux, il y en a pour trois.

Recopie la phrase qui indique que le personnage principal va chez quelqu'un.

....

Vérifie que tu as mis la majuscule et le point.

2 **Complète** les phrases pour répondre aux questions.

Qu'est-ce que le jeune homme demande à la voisine ?

Le jeune homme demande ....

Est-ce que la voisine est d'accord ?

Oui, ...

Que répond le jeune homme ?

Il répond : — ....

....

Vérifie que tu as mis un point à la fin de chaque phrase.

Écrire une rencontre dans un conte

1 **Relis** le texte page 45 de ton fichier.

2 **Recherche** des idées pour écrire une nouvelle rencontre.

La personne que le jeune homme va trouver :

....

Ce qu'il lui demande :

....

Ce qu'elle répond au jeune garçon :

D'accord, mais ....

....

Ce que répond le jeune garçon :

....

3 **Complète** le texte pour écrire la rencontre.

Le jeune garçon va trouver ....

— Tu peux ....

....

— D'accord, mais ....

....

— ...., ...

Vérifie que tu as complété les quatre phrases et que tu as mis les points.

Fiche 29+

Le grain de riz (5)

1 **Relie** chaque question à sa réponse.

Qui le jeune homme va-t-il trouver ? •	• Pierre a donné du bois, Jacques, des allumettes et Michel, du papier.
Qu'est-ce que Pierre, Jacques et Michel ont donné au jeune homme ? •	• D'accord, mais on vient avec vous.
Qu'est-ce que chacun a dit au jeune homme ? •	• Le jeune homme va trouver Pierre, Jacques et Michel.

2 **Écris** des numéros pour indiquer l'ordre dans lequel le jeune homme est allé voir chaque personne.

☐ la voisine
☐ Michel
☐ Jacques
☐ le voisin
☐ Pierre

3 **Entoure** ce qu'il faut pour faire cuire le riz.

une casserole - de l'eau - de la sauce tomate - du feu - du papier - une fourchette - du bois - des allumettes

Fiche 29++

Le grain de riz (5)

1 **Complète** les réponses aux questions.

• Qui le jeune homme va-t-il trouver ?

Le jeune homme va trouver .... ,
.... et ....

• Qu'est-ce que Pierre, Jacques et Michel ont donné au jeune homme ?

Pierre, Jacques et Michel ont donné ....
.... et ....

2 **Recopie** la phrase qu'ils répondent tous au jeune homme.

....

....

3 **Relie** chaque mot en gras à la personne désignée.

Il n'en avait pas. •	
Chaque fois qu'**il** empruntait •	• le jeune homme
quelque chose, **ils** ont dit : •	
Comment **je** vais faire ce soir pour partager le grain de riz en six ? •	• Pierre, Jacques et Michel

4 **Écris** tout ce que le jeune homme a pour cuire son grain de riz.

....

....

Le son [e] comme

1 **Nomme** les dessins. **Entoure** le dessin quand tu entends [e].

2 **Nomme** les dessins.
Entoure le point qui correspond à l'endroit où tu entends [e].

●● ●●●● ●●●●● ●●●● ●●●

3 **Lis** ces mots. Puis **recopie**-les sur la bonne ligne.

une école – l'été – chez – un éléphant – un quartier – une étoile – un cahier – un vélo

[e] s'écrit **é** : ....

....

[e] s'écrit **er** : ....

[e] s'écrit **ez** : ....

4 **Écris** les réponses aux devinettes.

Je suis l'action de couper du papier : ....

Je suis une partie d'une ville : un ....

Le son [e] comme

1 **Écris** deux mots appris à partir de ces étiquettes.

quar | hier | ca | tier

un .... un ....

2 **Écris** *le*, *la* ou *l'* devant chaque mot. Puis **recopie** le groupe de mots.

.... nez : ....

.... étoile : ....

.... éléphant : ....

.... école : ....

.... été : ....

.... cheminée : ....

3 **Recopie** les mots de la phrase dans lesquels tu entends le son [e].

Mon frère joue avec son vélo, il tombe, il a mal au nez.

....

4 **Complète** la phrase avec le mot invariable appris.

Nous achetons le pain .... le boulanger.

5 **Recopie** les six mots qui s'écrivent avec une lettre finale qui ne se prononce pas.

une idée – un éléphant – un carré – une année –
une poupée – du café – la purée – le thé – le lycée

....

....

Fiche 31+

La relation sujet-verbe au présent (5)

1 **Souligne** les mots qui changent quand on remplace *Le garçon* par *Deux garçons, Il* par *Ils.*

Le garçon va à l'école.
Il a un sac à dos. Il trouve une bille par terre.

Les garçons vont à l'école.
Ils ont un sac à dos. Ils trouvent une bille par terre.

2 **Relie** les groupes de mots qui vont ensemble.

Deux garçons •
Le garçon • • vont à l'école.
Ils • • va à l'école.
Il •

3 **Complète** avec *trouve* ou *trouvent.*

Les deux garçons .... une bille par terre.
Le garçon .... une bille par terre.

4 **Complète** avec *Il* ou *Ils.*

.... trouvent.
.... trouve.

5 **Complète** avec *va* ou *a.*

Il .... un sac à dos et il .... à l'école avec son sac neuf.

Fiche 31++

La relation sujet-verbe au présent (5)

1 **Complète** chaque phrase. Le mot souligné change.

Jacques a des allumettes.
Jacques et Michel ....

Jacques va dans la maison.
Ils ....

Il allume du feu dans la cheminée.
Ils ....

2 **Complète** chaque phrase. Le mot souligné change.

Pierre et Jacques ont du bois.
Le garçon ....

Pierre et Jacques coupent le bois.
Il ....

Ils placent le bois dans la cheminée.
Il ....

3 **Récris** le texte en remplaçant *Michel* par *Michel et Pierre.*

Michel a du papier. Il coupe le papier en morceaux.
Il allume un feu à l'aide du papier.

....
....
....

Fiche 32+

Des phrases dans un texte (3)

1 **Lis** ce texte.

Le fermier donne une poule au jeune homme. Le garçon est content. Sept personnes mangeront la poule.

Colorie la majuscule au début et le point à la fin de chaque phrase.

Écris le nombre de lignes : ....

Écris le nombre de phrases : ....

Recopie la deuxième phrase.

....

2 **Relie** *de qui on parle* à *ce qu'on en dit.*

Le fermier •	• est content.
Le garçon •	• mangeront la poule.
Sept personnes •	• donne une poule au fermier.

3 **Recopie** la phrase en mettant les deux groupes de mots dans l'ordre.
Pense à la majuscule et au point.

élève des poules - le fermier

....

....

Fiche 32++

Des phrases dans un texte (3)

1 **Lis** ce texte.

Aujourd'hui, le fermier donne une poule au jeune homme.
La poule est petite mais grasse. Le garçon est content.
Ce soir, sept personnes mangeront la poule.

Écris le nombre de lignes : ....

Écris le nombre de phrases : ....

Recopie la dernière phrase.

....

....

2 **Lis** les phrases. **Entoure** *de qui on parle* et *ce qu'on en dit.*

Aujourd'hui, le fermier donne une poule au jeune homme.

Le garçon est content.

3 **Recopie** la phrase en mettant les groupes de mots dans l'ordre.
Commence par *Ce soir.*

mangeront la poule et un grain de riz - ce soir - les invités

....

....

Entoure *de qui on parle* et *ce qu'on en dit.*

Fiche 33+

Le grain de riz (6)

1 **Relie** chaque question à sa réponse.

Qui élève des poules ? •	• Le fermier donne une petite poule grasse au garçon.
Que donne le fermier au garçon ? •	• C'est le fermier qui élève des poules.

2 **Coche** la bonne réponse.

Pourquoi le garçon est-il content d'avoir une poule ?

☐ Parce que la poule du fermier est bonne.

☐ Parce qu'il a enfin quelque chose à manger avec le riz.

3 **Écris** des numéros pour indiquer l'ordre de l'histoire.

☐ Le garçon invite le fermier à venir manger chez lui.

☐ Le garçon va trouver le fermier.

☐ Le garçon prend la poule.

☐ Le fermier donne une petite poule grasse pour le repas.

4 **Coche** qui est désigné par *tu*.

- **Tu** es tout seul, **tu** dois t'ennuyer.

☐ le garçon ☐ le fermier

Fiche 33++

Le grain de riz (6)

1 **Complète** les réponses aux questions.

• Qui élève des poules ?

C'est .... qui ....

• Que donne le fermier au garçon ?

Le fermier donne ....

....

2 **Écris** des numéros pour indiquer l'ordre de l'histoire.

☐ Le garçon invite le fermier à venir manger chez lui.

☐ Le garçon va trouver le fermier.

☐ Le garçon prend la poule.

☐ Le fermier donne une petite poule grasse pour le repas.

3 **Relie** chaque mot en gras à la personne désignée.

Il va le trouver. •	• le garçon
Si **tu** as envie de venir •	• le voisin, la voisine, Pierre, Jacques et Michel et le garçon
manger avec **nous**. •	
Je viens manger votre riz. •	
Il était content. •	• le fermier

4 **Recopie** la phrase dans laquelle le garçon invite le fermier au repas.

....

....

L'ordre alphabétique (1)

a b c d e f g h i j k l m n o p q r s t u v w x y z

1 **Entoure** la première lettre de chaque mot.

gros - dans - fermier - avec - école - bulle - colle

Écris les mots à leur place dans l'ordre alphabétique.

a ....

b ....

c ....

d ....

e ....

f ....

g ....

2 **Trace** une flèche pour indiquer la place de chaque mot.

chat

• **a**rriver • **b**ureau • **d**ispute • **é**cran •

journal

• **f**ruit • **g**ris • **h**iver • **i**gloo •

L'ordre alphabétique (1)

a b c d e f g h i j k l m n o p q r s t u v w x y z

1 **Lis** ces mots. **Entoure** la première lettre de chaque mot.

porte - zoo - douche - lampe - habiter - table

Complète chaque suite avec un des mots ci-dessus.

ami - **b**allon - **c**adeau - ....

éléphant - **f**arine - **g**rand - ....

immeuble - **j**aune - **k**angourou - ....

main - **n**ez - **o**range - ....

queue - **r**eine - **s**ouris - ....

un - **v**ache - **w**agon - **x**ylophone - **y**eux - ....

2 **Entoure** la première lettre des mots en gras à écrire.
Écris les mots à leur place dans l'ordre alphabétique.

lit - image

hibou - .... - **j**upe - **k**oala - .... - **m**arron

plus - salade

niche - **o**urs - .... - **q**uatre - **r**oi - ....

utile - yaourt - wagon

trois - .... - **v**ert - .... - **x**ylophone -

.... - **z**oo

Fiche 35+

Écrire un épisode du conte

1 **Relis** la visite au fermier.

Le jeune homme va voir le fermier qui élève des poules.
- Ce soir, on est six à manger du riz. Si tu as envie de venir manger avec nous, tu seras le bienvenu.
- Je veux bien manger votre riz, mais je ne vais pas venir les mains vides. Tiens, prends cette petite poule grasse qui est là.
Le garçon prend la poule, il est content. Il vaut mieux manger une poule à sept que manger un seul grain de riz à six.

Recopie la phrase qui indique que le jeune homme invite le fermier.

....

....

Vérifie que tu as mis la majuscule et le point.

2 **Complète** les phrases pour répondre aux questions.

Est-ce que le fermier accepte de venir manger le riz ?

Oui, ...

Que donne le fermier au jeune homme ?

Le fermier ....

Que pense le jeune homme ?

Il pense qu'il vaut mieux ....

....

Vérifie que tu as mis un point à la fin de chaque phrase.

Fiche 35++

Écrire un épisode du conte

1 **Relis** le texte page 55 de ton fichier.

2 **Recherche** des idées pour écrire un autre épisode du conte.

La personne que le jeune homme va inviter au gouter :

....

Ce que cette personne lui donne pour le gouter :

....

Ce que fait le jeune homme :

....

Ce qu'il pense : ....

3 **Complète** le texte avec les idées ci-dessus pour écrire la suite du conte.
Tu peux ajouter une phrase à la fin de l'épisode pour dire ce que pense le jeune homme.

Le jeune garçon va voir ....

- Aujourd'hui, c'est mon anniversaire. Je fais un gouter.

On est deux. Si tu ....

....

- Je veux bien venir au gouter mais ....

....

Tiens, je te donne ....

Le garçon ....

....

Vérifie que tu as complété les phrases et que tu as mis les points.

Le grain de riz (7)

1 **Relie** chaque question à sa réponse.

Qui élève des dindes ? •	• C'est la vieille qui élève des dindes.
Que donne la vieille au garçon ? •	• La vieille donne une petite dinde au garçon.

2 **Coche** qui est désigné par *je*.

– **Je** suis toute seule.

☐ le garçon ☐ la vieille

3 **Recopie** la phrase qui indique que la vieille donne une dinde au garçon.

....

....

4 **Entoure** ce qui est vrai.

La vieille vend des dindes.

La vieille vend une dinde au garçon.

La vieille vit toute seule.

La vieille a toujours l'occasion de manger de la dinde.

La vieille ne veut pas venir au repas les mains vides.

Avec la vieille, ils seront sept au repas.

Le grain de riz (7)

1 **Complète** les réponses aux questions.

• Qui élève des dindes ?

C'est .... qui ....

• Que donne la vieille au garçon ?

La vieille donne ....

2 **Entoure** ce qui est vrai

La vieille vend des dindes.

La vieille vend une dinde au garçon.

La vieille vit toute seule.

La vieille a toujours l'occasion de manger de la dinde.

La vieille ne veut pas venir au repas les mains vides.

3 **Relie** chaque mot en gras à la personne désignée.

Il va trouver la vieille. •	
On est sept à manger une poule au riz. •	• le voisin, la voisine, Pierre, Jacques et Michel, le fermier et le garçon
Toi, **tu** es seule : tu dois t'ennuyer. •	
Je ne vais pas venir les mains vides. •	• le garçon
Pour une fois que **je** peux manger en compagnie. •	• la vieille
Ils ont bien ri. •	

Fiche 37+

Le son [ɛ] comme 

1 **Nomme** les dessins. **Entoure** le dessin quand tu entends [ɛ].

2 **Nomme** les dessins.
Entoure le point qui correspond à l'endroit où tu entends [ɛ].

●●● ●●●●● ●●●● ●●● ●●●

3 **Lis** ces mots. Puis **recopie**-les sur la bonne ligne.

la fête - le père - hier - l'air - vert - la mère de Tom - la mer - la neige

[ɛ] s'écrit **è** : ....

[ɛ] s'écrit **e** : ....

[ɛ] s'écrit **ê** : ....

[ɛ] s'écrit **ai** : ....

[ɛ] s'écrit **ei** : ....

4 **Écris** les réponses aux devinettes.

Je suis le contraire de *devant* : ....

Je suis la planète où vivent les hommes : la ....

Fiche 37++

Le son [ɛ] comme 

1 **Complète** chaque mot. Puis **recopie** le groupe de mots.

[ɛ] s'écrit **ai**		[ɛ] s'écrit **et**	
un ......gle	....	un poul......	....
l'......r	....	un paqu......	....
du l......t	....	un bonn......	....

2 **Complète** chaque mot avec *é* ou *è*. Puis **recopie** le groupe de mots.

le p......re	....	une ......toile	....
la m......re	....	une ......cole	....
un ......l......ve	....	une ch......vre	....

3 **Recopie** les mots des phrases dans lesquels tu entends le son [ɛ].

Je suis bête d'avoir parlé des poules au fermier.
Ce soir, on sera sept avec Pierre, Michel, le fermier.

....

....

4 **Complète** avec le mot invariable appris, puis **récris** la phrase.

.........., à la fête de l'école, il est tombé de la neige.

....

5 **Recopie** les quatre mots qui s'écrivent avec une lettre finale qui ne se prononce pas.

vert - l'hiver - le désert - un bec - le dessert - la mer - la craie

....

Fiche 38+

La relation sujet-verbe au présent (6)

1 **Lis** ces deux textes.

Éva habite une maison avec un jardin.
- J'ai un toboggan, dit Éva. Je suis contente. J'adore jouer dans le jardin.

Éva et Lana habitent une maison avec un jardin.
- Nous avons une balançoire, disent Éva et Lana. Nous sommes contentes. Nous adorons jouer dans le jardin.

Relie les groupes de mots qui vont ensemble.

	• adorons jouer dans le jardin.
Je •	• sommes contentes.
J' •	• suis contente.
Nous •	• avons un toboggan.
	• ai un toboggan.
	• adore jouer dans le jardin.

2 **Complète** avec *suis* ou *sommes*.
Puis **recopie** la phrase.

Je .... avec Emma et nous .... contentes.

....

3 **Complète** avec *jouons* ou *avons*.

Nous .... un toboggan.

Nous .... bien.

Fiche 38++

La relation sujet-verbe au présent (6)

1 **Lis** ce texte.

Izia <u>téléphone</u> à Nino.
- J'<u>ai</u> des feutres neufs, dit Izia. Je <u>suis</u> à la maison.
Je <u>dessine</u>.

Complète en remplaçant *Izia* par *Izia et Jade*.

Izia et Jade .... à Nino.

- Nous .... des feutres neufs, disent Izia et Jade.

Nous .... à la maison. ....

2 **Lis** ce texte.

Nous <u>sommes</u> dans la classe.
Nous <u>avons</u> des ciseaux.
Nous <u>découpons</u> du papier.

Complète en remplaçant *Nous* par *Je* ou *J'*.

Je ....

J'..

Je ....

3 **Récris** le texte en remplaçant *Je* par *Nous*.

Je suis dans la chambre. J'ai des livres. Je regarde une bande dessinée.

....

....

Fiche 39+

Les pronoms *il/elle, ils/elles*

1 **Relie** les mots en gras au bon pronom.

Le voisin a une casserole. •
La voisine a de l'eau. • • il
Le roi est dans le château. • • elle
La reine monte dans son carrosse. •

2 **Relie** les mots en gras au bon pronom.

Les fermiers élèvent des poules. •
Les filles jouent. • • elles
Les garçons bavardent. • • ils
Les fées ont une baguette magique. •

3 **Complète** avec *Il* ou *Ils* pour remplacer les mots en gras.

Le garçon a faim. .... va chez le fermier.
Michel et Jacques vont chez le garçon. .... mangent.
Les lapins ont peur. .... se sauvent.
Les papillons ont des ailes. .... volent.

4 **Recopie** les phrases en remplaçant les pronoms par les bons mots.

Le chat - La chatte

Elle mange. ....
Il ronronne. ....

Fiche 39++

Les pronoms *il/elle, ils/elles*

1 **Relie** les mots en gras au bon pronom.

L'arbre n'a plus de feuilles. • • il
L'infirmière vient dans la classe. • • elle
Les castors font une hutte. • • ils
Les chèvres sont dans le pré. • • elles
Ta sœur est au collège. •

2 **Complète** avec *Il, Ils, Elle, Elles* pour remplacer les mots en gras.

Le singe est dans l'arbre. .... grimpe rapidement.
Le gâteau est cuit. .... sent bon.
La maison est grande. .... est haute.
Les arbres ont des feuilles vertes. .... sont beaux.
Les étoiles brillent dans le ciel. .... sont nombreuses.

3 **Recopie** la phrase en remplaçant chaque pronom en gras par le groupe de mots de ton choix.

Elle tombe en flocons.

....

Elles décollent pour aller dans l'espace.

....

Ils ont une trompe. ....
Il élève des poules. ....

Le grain de riz (8)

1 **Relie** chaque personne à ce qu'elle a donné.

le voisin •	• de l'eau
la voisine •	• une casserole
Pierre •	• du papier
Jacques •	• des allumettes
Michel •	• du bois
le fermier •	• une petite dinde
la vieille •	• une petite poule grasse
le jardinier •	• l'assaisonnement
le pâtissier •	• des légumes
l'épicier •	• des gâteaux

2 **Écris** tout ce qu'il y avait à manger au repas.

....

....

....

3 **Coche** qui est désigné par *ils*.

– **Ils** ont bien ri.

☐ le garçon ☐ les invités au repas

Le grain de riz (8)

1 **Écris** en face de chaque personne ce qu'elle a donné.

le voisin : ....

la voisine : ....

Pierre : ....

Jacques : ....

Michel : ....

le fermier : ....

la vieille : ....

le jardinier : ....

le pâtissier : ....

l'épicier : ....

2 **Relie** chaque mot en gras à la personne désignée.

Il est allé chez le jardinier. •	
Tu nous as dit que tu nous invitais à manger du riz. •	• les invités au repas
Ils étaient au moins quinze à table. •	
J'ai oublié de •	• le garçon
le mettre dans la casserole. •	
Vous n'avez pas raté grand-chose. •	• le grain de riz
Il leur a raconté l'histoire. •	
Ils ont bien ri. •	

Fiche 41+

Des mots et expressions du conte

1 **Lis** ces mots et **recopie**-les dans l'ordre alphabétique.

riz - poule - salon

....

2 **Relie** chaque expression à celle qui a le même sens.

un grain de riz **bloqué** •	• donner à manger
nourrir les poules •	• attacher
coller au fond de la casserole •	• coincé

3 **Remplace** les mots en gras par un des groupes de mots proposés.

se régalaient - en compagnie de - les mains vides

Je vais manger **avec** la voisine.

Je vais manger .... la voisine.

Le voisin vient au repas **sans rien apporter**.

Le voisin vient au repas ....

Les invités **mangeaient avec plaisir**.

Les invités ....

4 **Complète** la phrase.

Le fermier soigne et nourrit des poules.

On dit qu'il .... des poules.

Fiche 41++

Des mots et expressions du conte

1 **Lis** ces mots et **recopie**-les dans l'ordre alphabétique.

riz - quatre - poule - trouver - salon

....

2 **Remplace** les mots en gras par un des groupes de mots proposés.

l'eau courante - me fera passer le temps - t'ennuyer

Je vais le faire cuire, cela **m'occupera un moment**.

Je vais le faire cuire, cela ....

Autrefois, il n'y avait pas **l'eau au robinet** dans les maisons.

Autrefois, il n'y avait pas ....
dans les maisons.

Tu es tout seul, tu **ne dois pas savoir quoi faire**.

Tu es tout seul, tu dois ....

3 **Remplace** l'expression familière en gras par une expression de même sens.

Je n'ai pas le courage - Je n'ai pas le droit

J'ai **la flemme** d'aller à la fontaine.

.... d'aller à la fontaine.

4 **Réponds** à la question avec une phrase contenant le verbe *trouver*.

Qui le jeune homme va-t-il voir après Michel ?

....

Présenter les personnages

Lis ce texte.

Après le fermier et la vieille, le jeune homme va chez le jardinier pour avoir des légumes, chez le pâtissier pour avoir des gâteaux, chez l'épicier pour l'assaisonnement.

Présente le jardinier, le pâtissier et l'épicier.
Dessine-les puis **écris** deux phrases pour les présenter.

C'est le jardinier.
Il a donné ....
pour le gouter ....

C'est ....
....

....
....

Vérifie que tu as mis les majuscules et les points.

Présenter les personnages

1 **Présente** les personnages de l'épisode du conte que tu as écrit (fiche 35++).
Dessine-les puis **écris** deux phrases comme pour le jeune garçon.

C'est le jeune garçon. Il veut faire un gouter d'anniversaire mais il ....

C'est ....
....

....
....

Vérifie que tu as complété les phrases et que tu as mis les points.

2 **Complète** le texte pour écrire la fin de ton conte.

Le jeune homme est allé aussi chez ....
et chez .... Au gouter, ils sont ....
C'est un magnifique gouter, il y a ....
....
C'est très bon, ils se ....

Vérifie que tu as bien complété les phrases.

Fiche 43+

Le papa de Tibi (1)

1 **Relie** chaque question à sa réponse.

Pourquoi appelle-t-on la coiffeuse Madame Radio ? •	• Papa arrivera au village en taxi-brousse.
Comment Papa est-il arrivé à Dakar ? •	• On appelle la coiffeuse Madame Radio car elle chante tout le temps.
Comment Papa arrivera-t-il au village ? •	• Papa est arrivé à Dakar en avion.

2 **Indique** le métier de chaque personne.

docteure – coiffeuse – marchand de légumes

Madame Radio : ....

Boutik : ....

Madame Garnier : ....

3 **Recopie** la phrase que prononce Tibi partout où il va.

....

4 **Coche** ce qui est vrai.

☐ Tibi est content de revoir son papa.
☐ Tibi se déplace lentement dans le village.
☐ Papa est avec Tonton Mustafa et Maman dans le taxi-brousse.
☐ Papa arrivera ce soir au village.

Fiche 43++

Le papa de Tibi (1)

1 **Complète** les réponses aux questions.

- Pourquoi appelle-t-on la coiffeuse Madame Radio ?

On appelle la coiffeuse Madame Radio car ....

....

- Comment Papa est-il arrivé à Dakar ?

Papa est arrivé à Dakar en ....

- Comment Papa arrivera-t-il au village ?

Papa arrivera au village en ....

2 **Coche** ce qui est vrai.

☐ Tibi est content de revoir son papa.
☐ Tibi se déplace lentement dans le village.
☐ Papa est avec Tonton Mustafa et Maman dans le taxi-brousse.
☐ Papa arrivera ce soir au village.

3 **Écris** les noms de tous les personnages dont on parle dans le texte.

....

....

4 **Remplace** les mots en gras par les mots employés dans le texte.

- Il **entre** dans le magasin de légumes de Boutik.

Il .... dans le magasin de légumes de Boutik.

- Tibi entre **rapidement** dans le dispensaire de M. Garnier.

Tibi entre .... dans le dispensaire de M. Garnier.

Le son [f] comme

1 **Nomme** les dessins.
Entoure le dessin quand tu entends [f].

2 **Nomme** les dessins.
Entoure le point qui correspond à l'endroit où tu entends [f].

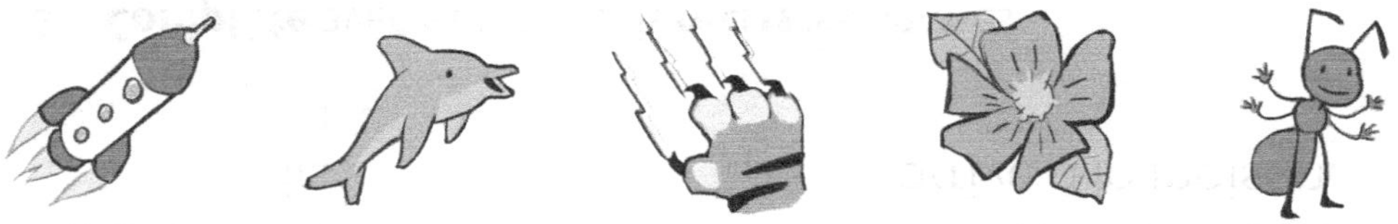

● ● ● ●   ● ● ● ●   ● ● ● ●   ● ● ● ●   ● ● ● ● ●

3 **Lis** les mots. Puis **recopie**-les sur la bonne ligne.

les affaires - enfin - un frère - neuf - une photo - une femme - le front - un téléphone

[f] s'écrit **f** : ....

....

[f] s'écrit **ff** : ....

[f] s'écrit **ph** : ....

4 **Écris** les réponses aux devinettes.

Je suis un grand bois : la ....

Je suis une réunion avec des amis où on s'amuse : la ....

Le son [f] comme

1 **Lis** les mots. **Récris** chaque mot incomplet en t'aidant du mot qui lui ressemble.

le pharmacien, une ♦armacie	une ....
siffler, un si♦let	un ....
souffler, essou♦lé	....
coiffer, un coi♦eur	un ....
griffer, une gri♦e	une ....
un éléphanteau, un élé♦ant	un ....
photographier, une ♦oto	une ....
un fermier, une ♦erme	une ....

2 **Recopie** les mots des phrases dans lesquels tu entends le son [f].

Cette femme a un frère qui s'appelle Philippe.

Dans mes affaires pour l'école, j'ai un stylo neuf.

....

....

3 **Complète** avec les mots invariables appris. Puis **récris** la phrase.

.........., c'est le jour de mon anniversaire, j'ai .... ans.

....

4 **Recopie** les quatre mots qui s'écrivent avec une lettre finale qui ne se prononce pas.

le front - un chef - la forêt - froid - neuf - frais

....

Fiche 45+

La relation sujet-verbe au présent (7)

1 **Souligne** les mots qui changent quand on remplace *Abel* par *Abel et Léon*, *Il* par *Ils*.

Abel arrive à la maison.
Il entre dans la cuisine.
Il demande une pomme à Papa.

Abel et Léon arrivent à la maison.
Ils entrent dans la cuisine.
Ils demandent une pomme à Papa.

2 **Relie** les groupes de mots qui vont ensemble.

Abel •	
Abel et Léon •	• arrivent à la maison.
Ils •	• arrive à la maison.
Il •	

3 **Complète** avec *e* ou *ent* puis **récris** les phrases.

Abel et Léon entr.... dans la cuisine.

....

Abel entr.... dans la cuisine.

....

4 **Remplace** les mots soulignés par *Il* ou *Ils* puis **récris** les phrases.

<u>Les garçons</u> entrent dans la cuisine.

....

<u>Ton frère</u> arrive à la maison.

....

Fiche 45++

La relation sujet-verbe au présent (7)

1 **Récris** le texte en parlant de *Hugo et Noah*.
Les mots soulignés changent.

Hugo <u>entre</u> dans la maison.
<u>Il allume</u> la télévision.
<u>Il mange</u> une tartine.

Hugo et Noah ....

....

....

2 **Récris** le texte en parlant de *Manon*.

Manon et Julia <u>jouent</u> dans la cour.

Manon ....

<u>Elles tombent</u>. <u>Elles pleurent</u>.

....

<u>Elles marchent</u> doucement vers la classe.

....

3 **Récris** la phrase en remplaçant chaque mot en gras par un groupe de mots de ton choix.

Ils sonnent. ....

Elles sont dans la case. ....

Il va au collège. ....

Elle marche dans la rue. ....

Fiche 46+

Des phrases dans un texte (4)

1 **Lis** ce texte.

Tibi est un petit garçon. Il vit en Afrique. Il aime rester à l'ombre du figuier. Papa va bientôt arriver. Toute la famille l'attend.

Colorie la majuscule au début de chaque phrase et le point à la fin de chaque phrase.

Écris le nombre de lignes : ....

Écris le nombre de phrases : ....

Recopie la deuxième phrase en remplaçant *il* par la personne désignée.

....

2 **Relie** *de qui on parle* et *ce qu'on en dit*.

Tibi •	• est un petit garçon.
Papa •	• l'attend.
Toute la famille •	• va bientôt arriver.

3 **Recopie** la phrase en mettant les groupes de mots dans l'ordre.
Pense à la majuscule et au point.

attend Papa - le petit garçon

....

Fiche 46++

Des phrases dans un texte (4)

1 **Lis** ce texte.

Tibi est un petit garçon. Il vit en Afrique. Il aime rester à l'ombre du figuier. Papa va bientôt arriver. Il arrive de Dakar en taxi-brousse. Toute la famille l'attend. Tibi est content de voir Papa.

Écris le nombre de lignes : ....

Écris le nombre de phrases : ....

Recopie la deuxième phrase en remplaçant *il* par la personne désignée.

....

2 **Recopie** la phrase en mettant les groupes de mots dans l'ordre.
Commence par *Pour attendre Papa.*

reste sous le figuier - pour attendre Papa - Tibi

....

....

Entoure *de qui on parle* et *ce qu'on en dit.*

3 **Complète** en écrivant *de qui on parle.*

.... attend Papa.

.... rentre de France.

.... revient de Dakar avec Papa.

Le papa de Tibi (2)

1 **Relie** chaque question à sa réponse.

Que fait Papa en France ? •	• C'est Won qui a parlé au téléphone avec Maman.
Pourquoi Papa rentre-t-il au pays ? •	• Papa construit des autoroutes en France.
Où est Fatou ? •	• Papa rentre au pays car il n'y a plus de travail en France.
Qui a parlé au téléphone avec Maman ? •	• Fatou est dans la maison.

2 **Coche** qui est désigné par *il*.

Il l'a déjà vu quand **il** était bébé.

☐ Papa ☐ Tibi

3 **Recopie** la phrase qui indique que Papa, tonton Mustafa et Maman ne vont pas arriver tout de suite.

....

....

4 **Entoure** ce qui est vrai.

Tibi est avec Fatou dans la maison.

Tibi attend Papa à l'ombre d'un arbre.

Le papa de Tibi (2)

1 **Complète** les réponses aux questions.

• Que fait Papa en France ?

Papa ....

• Pourquoi Papa rentre-t-il au pays ?

Papa rentre au pays car ....

• Où est Fatou ? Fatou est ....

• Qui a parlé au téléphone avec Maman ?

C'est .... qui a parlé au téléphone avec Maman.

2 **Relie** chaque mot en gras à la personne désignée.

Il va voir son papa pour de vrai. •	• Papa
Il rentre au pays. •	• Tibi
Le figuier **lui** fait de l'ombre. •	• Papa, Maman et Tonton Mustafa
Ils en ont encore pour trois heures. •	
Le figuier attend avec **lui**. •	

3 **Remplace** le mot en gras par le groupe de mots employé dans le texte.

• De la maison, Fatou lui **dit** :

De la maison, Fatou lui .... :

4 **Entoure** ce qui est vrai.

Tibi est avec Fatou dans la maison.

Tibi attend Papa à l'ombre d'un arbre.

Des mots pour indiquer le temps

1 **Lis** ces mots et **recopie**-les dans l'ordre alphabétique.

gomme – jupe – histoire

....

2 **Recopie** chaque indicateur de temps sur la bonne ligne.

demain – aujourd'hui – en ce moment – hier – bientôt – il y a deux jours

Passé : ....

Présent : ....

Futur : ....

3 **Complète** chaque phrase avec les mots qui conviennent.

dans trois heures – hier – Maintenant

.........., Tibi est sous le figuier.

L'avion de Papa a atterri ....

Tonton Mustafa, Papa et Maman arriveront ....

....

4 **Recopie** les phrases en remplaçant chaque indicateur de temps en gras par celui qui convient.

Bientôt – En ce moment

Maintenant, nous sommes dans la classe.

....

Dans une heure, nous irons en récréation.

....

Des mots pour indiquer le temps

1 **Lis** ces mots et **recopie**-les dans l'ordre alphabétique.

gomme – jupe – histoire – image – feutre

....

2 **Recopie** les phrases en remplaçant les indicateurs de temps en gras par ceux proposés. N'oublie pas la majuscule.

bientôt – la semaine dernière – maintenant

Il y a quelques jours, Jonas a eu un chaton.

....

Aujourd'hui, le chaton commence à jouer.

....

Dans quelques jours, il ira partout dans la maison.

....

3 **Complète** ce texte en ajoutant les indicateurs de temps proposés.

en ce moment – il y a plusieurs mois – la semaine prochaine

.........., le jardinier a planté des fraisiers.

.........., les fraises commencent à murir.

.........., il pourra les cueillir.

4 **Complète** le texte en ajoutant des indicateurs de temps.

.........., Amina a passé quelques jours de vacances chez ses grands-parents.

.........., elle est de retour chez elle.

.........., elle retournera à l'école.

Fiche 49+

Raconter un évènement

Complète la phrase en face de chaque image pour raconter le retour de Papa. Tu peux choisir des mots parmi ceux ci-dessous et en écrire d'autres.

l'avion | sous le figuier | dans tout le village | annoncer | attend | a atterri | Papa | le retour | en taxi-brousse | la docteure | à Dakar | Tibi | a couru | arrivera | Boutik | la coiffeuse

Hier, ...

....

Ce matin, Tibi a couru voir ....

....

.... pour

....

Maintenant, Tibi ....

....

Dans trois heures, Papa ....

....

Vérifie que tu as mis les majuscules et les points.

Fiche 49++

Raconter un évènement

Laura est contente car un cirque est arrivé sur la place de son village. Sur le chemin de l'école, elle annonce la nouvelle à la fleuriste et au boulanger, puis elle le dit à la maitresse.

1 **Complète** le texte en utilisant : *entre, entre en trombe, se précipite.*

Le cirque

Laura court pour aller à l'école.

Elle ....

- Un cirque ....

Elle ....

- ....

Elle arrive à l'école et elle .... vers la maitresse.

- ....

Vérifie que tu as complété toutes les phrases et que tu as mis les points.

2 Maintenant, Laura attend l'heure du spectacle de ce soir. **Réponds** aux questions par une phrase en commençant par *Hier* et *Ce soir.*

Quand et où le cirque a-t-il installé son chapiteau ?

....

....

Quand Laura ira-t-elle au spectacle ?

....

Vérifie que tu as mis les majuscules et les points.

Fiche 50+

Le papa de Tibi (3)

1 **Relie** chaque question à sa réponse.

Qui conduit le taxi-brousse ? •	• Ils entendent un coup de klaxon.
Comment Fatou, Moussa, Won, Kessy et Tibi savent-ils que Papa arrive ? •	• C'est Tonton Mustafa.

2 **Coche** qui est désigné par *Il*.

Il reste là. ☐ Tibi ☐ Papa

3 **Recopie** la phrase qui indique que Papa arrive dans le village.

....

....

4 **Remplace** le mot en gras par les mots employés dans le texte.

Fatou, Moussa, Won et Kessy **courent** vers le taxi-brousse.

Fatou, Moussa, Won et Kessy .... vers le taxi-brousse.

5 **Numérote** les phrases dans l'ordre de l'histoire.

☐ Papa arrive au village.

☐ Papa a atterri à Dakar.

☐ Tibi attend Papa sous le figuier.

☐ Tibi annonce le retour de Papa à tout le monde.

Fiche 50++

Le papa de Tibi (3)

1 **Écris** les réponses aux questions.

• Qui conduit le taxi-brousse ?

C'est .... qui conduit le taxi-brousse.

• Comment Fatou, Moussa, Won, Kessy et Tibi savent-ils que Papa arrive ?

Fatou, Moussa, Won, Kessy et Tibi savent que Papa arrive car ils entendent ....

2 **Recopie** les deux questions que se pose Tibi.

....

....

3 **Remplace** les mots en gras par les mots employés dans le texte.

• Fatou, Moussa, Won et Kessy **courent** vers le taxi-brousse.

Fatou, Moussa, Won et Kessy .... vers le taxi-brousse.

• Maman **sort** de la voiture.

Maman .... de la voiture.

• Tibi **a un peu peur d'**aller à leur rencontre.

Tibi .... aller à leur rencontre.

• Tibi ne vient pas me **dire bonjour** ?

Tibi ne vient pas me .... ?

• Il **a un peu peur de toi**. Laisse-lui un peu de temps.

Il .... Laisse-lui un peu de temps.

Le son [v] comme

1 **Nomme** les dessins. **Entoure** le dessin quand tu entends [v].

2 **Nomme** les dessins.
Entoure le point qui correspond à l'endroit où tu entends [v].

●●●● ●●● ●●●● ●●●● ●●●●

3 **Lis** les mots. Puis **recopie**-les sur la bonne ligne.

vingt – le vélo – la ville – le livre – un élève – avec – souvent – vers (l'école)

[v] est au **début du mot** :

....

[v] est **dans le mot** :

....

4 **Écris** les réponses aux devinettes.

Je suis la couleur de l'herbe : ....

Je suis un engin pour se déplacer avec deux roues et des pédales : un ....

Le son [v] comme

1 **Écris** deux mots appris à partir de ces étiquettes.

é lè vent ve sou

un ....

2 **Écris** *f* ou *v* puis **recopie** le groupe de mots.

la ...arine .... une ...raise ....
un li...re .... la ...ie ....
une ...ille .... une ca...e ....

3 **Écris** les réponses aux devinettes.

Je suis le nombre entre vingt-huit et trente : ....

Je suis un engin à deux roues avec des pédales : un ....

Je suis une période où il n'y a pas d'école : les ....

Je suis la saison où les arbres n'ont plus de feuilles : l'.........

Je suis la couleur des feuilles des arbres : le ....

4 **Écris** les quatre mots invariables appris.

....

5 **Recopie** les six mots qui s'écrivent avec une lettre finale qui ne se prononce pas.

souvent – vers – vert – l'hiver – la vie – la vue – voir – le vent – avec

....

La relation sujet-verbe au présent (8)

1 **Souligne** les mots qui changent quand on remplace *Robin* par *Robin et Tim*, *Il* par *Ils*.

Robin a un chat.
Il reste près de lui.
Robin donne du lait au chat.

Robin et Tim ont un chat.
Ils restent près de lui.
Robin et Tim donnent du lait au chat.

2 **Relie** les groupes de mots qui vont ensemble.

Ils •	
Robin •	• a un chat.
Il •	• ont un chat.
Robin et Tim •	

3 **Continue** la phrase en remplaçant *Robin* par *Robin et Tim*.
Attention ! Le mot souligné change.

Robin <u>donne</u> du lait au chat.

Robin et Tim ……………………………………………………… .

4 **Remplace** les mots soulignés par *Elle* ou *Elles* puis **récris** les phrases.

<u>Les vaches</u> donnent du lait.

……………………………………………………… .

<u>La poule</u> picore du blé.

……………………………………………………… .

La relation sujet-verbe au présent (8)

1 **Récris** le texte en parlant de *Lilou et sa sœur*.
Les mots soulignés changent.

Lilou <u>a</u> un beau livre avec des tirettes.
<u>Elle regarde</u> le livre.
<u>Elle tourne</u> les pages.
<u>Elle tire</u> les languettes.

Lilou et sa sœur ………………………………………………………

………………………………………………………

………………………………………………………

2 **Récris** le texte en parlant d'un seul écureuil.

Les écureuils <u>arrivent</u> près de l'arbre.

L'écureuil ……………………………………………………… .

<u>Ils grimpent</u> de branche en branche.

………………………………………………………

<u>Ils croquent</u> des noix.

………………………………………………………

3 **Récris** la phrase en remplaçant les mots en gras par *il*, *ils*, *elle*, *elles*.

Le livre est ouvert. ………………………………

Les ciseaux coupent bien. ………………………………

Les voitures freinent. ………………………………

La ville est grande. ………………………………

Fiche 53+

Des groupes nominaux (3)

1 **Recopie** les mots qui désignent des personnes dans la bonne colonne.

Tibi – le garçon – le fermier – Michel – le voisin – Fatou – son frère – Jacques

avec majuscule	sans majuscule
....	....
....	....
....	....
....	....

2 **Entoure** le déterminant qui est devant chaque mot désignant une chose ou un animal.

un téléphone — un livre — la ville

une rue — le voisin — l'éléphant

Recopie les déterminants : ....

3 **Recopie** les mots dans la bonne colonne.

un vélo – une valise – le livre – l'avion – la photo – la robe

déterminant	mot qui désigne une chose
....	....
....	....
....	....
....	....

Fiche 53++

Des groupes nominaux (3)

1 **Recopie** les mots du texte qui désignent des personnes dans la bonne colonne.

Fatou et Tibi préparent des fruits pour le retour de Papa. La fillette fait aussi un gâteau. En arrivant, l'oncle Mustafa sera content, il aime les gâteaux.

avec majuscule	sans majuscule
....	....
....	....
....	....
....	....

2 **Relie** chaque déterminant au mot qui désigne une chose. Un déterminant peut être relié à deux mots.

une •	
un •	• château
le •	• bulle
la •	• école
l' •	

3 **Écris** trois groupes de mots avec un déterminant et un mot qui désigne une personne.

le – la – l' — voisine – fermier – homme

....

Le papa de Tibi (4)

1 **Écris** pour qui est chaque cadeau.

un ballon neuf pour ....

une machine à coudre pour ....

un maillot du PSG pour ....

un pantalon pour ....

un petit appareil avec des écouteurs pour ....

et ....

2 **Coche** qui est désigné par *J'*.

- **J'**ai aussi un cadeau pour toi.

☐ Tibi ☐ Papa

Coche qui est désigné par *toi*.

- J'ai aussi un cadeau pour **toi**.

☐ Tibi ☐ Papa

3 **Entoure** ce qui est vrai.

Papa a rapporté des cadeaux à toute la famille.

Moussa a eu un maillot du PSG.

Plus tard, Tibi veut être footballeur.

Tibi n'a pas de cadeau.

À la fin de l'histoire, Tibi est toujours sous son figuier.

Le papa de Tibi (4)

1 **Écris** les réponses aux questions.

- Pourquoi Tibi ne mange-t-il pas ?

Tibi ne mange pas car ....

- Pourquoi Papa a-t-il rapporté un maillot du PSG à Tibi ?

Papa a rapporté un maillot du PSG à Tibi car il sait que .....

....

2 **Recopie** la phrase qui indique que Tibi n'est plus intimidé par Papa.

....

3 **Indique** ce que chacun reçoit comme cadeau.

Won et Kessy : ....

Moussa : ....

Tibi : ....

Maman : ....

Moussa : ....

4 **Entoure** ce qui est vrai.

Papa a rapporté des cadeaux à toute la famille.

Moussa a eu un maillot du PSG.

Plus tard, Tibi veut être footballeur.

Tibi n'a pas de cadeau.

À la fin de l'histoire, Tibi est toujours sous son figuier.

Fiche 55+

Mots étiquettes – Mots particuliers

1 **Lis** ces mots et **recopie**-les dans l'ordre alphabétique.

bouteille – cadeau – appareil

....

2 **Relie** chaque mot étiquette à la liste de mots qui convient.

sport •	• un paquebot – un voilier – une barque – un catamaran – un yacht – un kayak
meuble •	• le football – le judo – le rugby – le karaté – la course – le saut – l'escrime
bateau •	• une chaise – un canapé – un lit – une armoire – une table – un buffet – une commode

3 **Écris** le mot étiquette qui convient devant chaque liste.

fruit – fleur – oiseau

.... : tulipe – rose – muguet

.... : pigeon – moineau – rouge-gorge

.... : pomme – poire – ananas

Fiche 55++

Mots étiquettes – Mots particuliers

1 **Lis** ces mots et **recopie**-les dans l'ordre alphabétique.

bouteille – village – cadeau – appareil – ourson

....

2 **Trouve** le mot étiquette pour chaque liste.

....	rose – vert – jaune – bleu – rouge – noir – blanc – marron – violet
....	une tulipe – un crocus – du muguet – une pivoine – une rose – un lys
....	une bague – un bracelet – un collier – une boucle d'oreille – une broche

3 **Complète** chaque liste avec un mot particulier.

métier	un maçon – un mécanicien – un coiffeur – ....
oiseau	une hirondelle – un rouge-gorge – une tourterelle – ....
insecte	une guêpe – une libellule – une coccinelle – un papillon – ....
instrument	la flute – l'accordéon – les maracas – ....

Écrire des énumérations

1 **Observe** le dessin. **Écris** un prénom pour chaque enfant.

....

Complète la phrase. N'oublie pas les virgules et le petit mot *et*.

À la bibliothèque, ...

....

regardent un livre.

Vérifie que tu as mis les virgules et le petit mot *et*.

2 **Complète** la phrase. N'oublie pas les virgules et le petit mot *et*.

Au supermarché, Papa achète

....

....

Vérifie que tu as mis les virgules et le petit mot *et*.

Écrire des énumérations

1 Tu visites une ferme et tu vois des animaux. **Écris** une phrase avec tes trois animaux préférés choisis parmi ceux-ci-dessous.

Commence ta phrase par : *À la ferme, je vois...*

N'oublie pas les virgules et le petit mot *et* entre les groupes de mots.

des lapins - des poules - un coq - un cheval - des vaches - des canards - un taureau - des oies - des moutons - un cochon

....

....

Vérifie que tu as mis les virgules et le petit mot *et* entre les groupes de mots.

2 **Lis** le menu de la cantine. Puis **écris** une phrase pour dire ce que les enfants mangent aujourd'hui à la cantine.

N'oublie pas les virgules et le petit mot *et* entre les groupes de mots.

Menu
Carottes râpées
Poulet rôti
Purée
Fromage
Pomme

....

....

....

....

....

....

Vérifie que tu as mis les virgules et le petit mot *et* entre les groupes de mots.

Fiche 57+

Des règles de vie (1)

1 **Coche** ce qu'il faut faire pour protéger l'environnement.

- ☐ Laisser la lumière allumée dans toutes les pièces.
- ☐ Dans la forêt, rester sur les chemins.
- ☐ Mettre les déchets dans la bonne poubelle.
- ☐ Utiliser des sacs en plastique.
- ☐ Aller à l'école à pied, si c'est possible.
- ☐ Ne pas laisser les appareils électriques en veille.

2 **Recopie** la phrase qui indique ce qu'il faut faire.

Pour économiser l'eau, vous laissez les robinets ouverts.

Pour économiser l'eau, vous prenez une douche plutôt qu'un bain.

Vous criez dans la forêt pour faire peur aux animaux.

....

....

3 **Remplace** le mot en gras par le mot employé dans le texte.

Vous pouvez cueillir quelques fleurs sans **prendre** les racines.

Vous pouvez cueillir quelques fleurs sans .... les racines.

4 **Entoure** ce qu'il faut faire.

Vous jetez vos mouchoirs en papier dans la nature.

Vous jetez vos mouchoirs en papier dans une poubelle.

Fiche 57++

Des règles de vie (1)

1 **Écris** les réponses aux questions.

- Que doit-on faire quand on quitte une pièce ?

Quand on quitte une pièce, on doit ....

....

- Dans la forêt, où marche-t-on ?

Dans la forêt, on marche ....

2 **Recopie** la phrase qui indique ce qu'il faut faire.

Pour économiser l'eau, vous laissez les robinets ouverts.

Pour économiser l'eau, vous prenez une douche plutôt qu'un bain.

Vous criez dans la forêt pour faire peur aux animaux.

....

....

3 **Remplace** les mots en gras par les mots employés dans le texte.

- Vous pouvez cueillir quelques fleurs sans **prendre** les racines.

Vous pouvez cueillir quelques fleurs sans .... les racines.

- Vous prenez le **côté blanc** des feuilles imprimées comme brouillon.

Vous prenez le .... des feuilles imprimées comme brouillon.

- Vous triez **ce qui n'est plus utilisé**.

Vous triez ....

Le son [t] comme

1 **Nomme** les dessins.
Entoure le dessin quand tu entends [t].

2 **Nomme** les dessins.
Entoure le point qui correspond à l'endroit où tu entends [t].

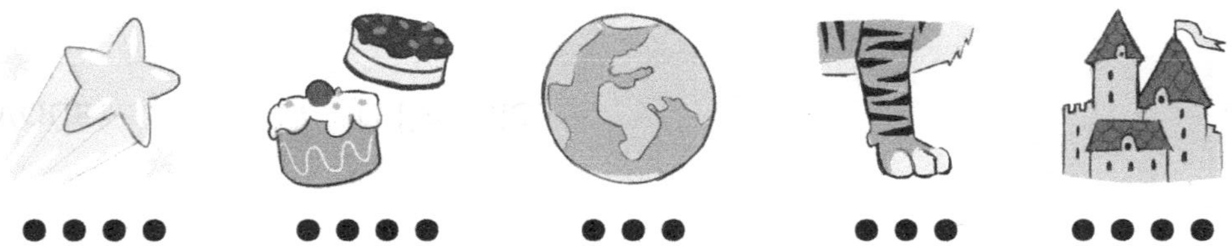

3 **Lis** les mots. Puis **recopie**-les sur la bonne ligne.

trois – une lettre – la tête – trop – sept – attraper – mettre

[t] s'écrit **t** : ....

[t] s'écrit **tt** : ....

4 **Écris** les réponses aux devinettes.

Je suis un appareil qui permet de parler avec quelqu'un qui n'est pas près de nous : le ....

Je suis une pâtisserie que l'on mange à un anniversaire : un ....

Le son [t] comme

1 **Écris** deux mots appris à partir de ces étiquettes.

[a] [per] [tê] [ttra] [te]

.... une ....

2 **Complète** chaque mot appris avec un *t* ou *tt*. Puis **récris**-les.

une le...re	....	l'é...é	....
un gâ...eau	....	une é...oile	....
un châ...eau	....	la fê...e	....
les lune...es	....	me...re	....
ren...rer	....	un quar...ier	....

3 **Complète** cette suite de nombres.

un, deux, ..., quatre, cinq, ...,
...................., ..., ..., ...

4 **Recopie** les huit mots qui s'écrivent avec une lettre finale qui ne se prononce pas.

le front – huit – trop – la forêt – sept – vert – souvent – un fruit – la nuit – une tour – un lit

....

....

Fiche 59+

La relation sujet-verbe au présent (9)

1 **Souligne** les mots qui changent quand on remplace *Vous* par *Tu*.

Vous êtes à l'école.
Vous avez des livres.
Vous écoutez le maitre ou la maitresse.

Tu es à l'école.
Tu as des livres.
Tu écoutes le maitre ou la maitresse.

2 **Complète** avec *es* ou *êtes* puis **récris** les phrases.

Tu .... à l'école.

....

Vous .... à l'école.

....

3 **Écris** en remplaçant *Vous* par *Tu*. Attention ! Le mot souligné change.

Vous écoutez le maitre ou la maitresse.

Tu ....

4 **Remplace** les mots soulignés par *Ils* ou *Elles* puis **récris** les phrases.

Mes dents sont propres.

....

Les robinets sont fermés.

....

Fiche 59++

La relation sujet-verbe au présent (9)

1 **Récris** le texte en remplaçant *Vous* par *Tu*.
Les mots soulignés changent.

Vous avez du retard.
Vous frappez à la porte.
Vous entrez dans la classe.
Vous fermez la porte.
Vous marchez doucement vers le bureau.

Tu ....

....

....

....

....

2 **Récris** les phrases en remplaçant *Tu* par *Vous*.

Tu as froid. Tu fermes la fenêtre.

Vous ....

Tu marches sur le trottoir. Tu traverses la rue.

....

3 **Récris** les phrases en remplaçant les mots en gras par *il*, *ils*, *elle*, *elles*.

La lettre est bien arrivée. ....

Les gâteaux sont bons. ....

Les rues sont larges. ....

Le vélo est vert. ....

Des phrases dans un texte (5)

1 **Lis** ces phrases.

Vous ne validez pas le titre de transport.
Vous ne posez pas les pieds sur le siège.
Vous ne laissez pas la place propre.
Vous validez le titre de transport.
Vous posez les pieds sur le siège.
Vous laissez la place propre.

Recopie une phrase négative.

....

Entoure les mots de la négation.

2 **Complète** les phrases avec *ne… pas* puis **recopie** une des phrases négatives.

Vous .... bousculez .... les passagers.

Tu .... parles .... fort.

....

3 **Recopie** chaque phrase sur la bonne ligne.

Vous mangez. Vous ne mangez pas.

Tu ne dessines pas. Tu dessines.

phrases affirmatives : ....

....

phrases négatives : ....

....

Des phrases dans un texte (5)

1 **Lis** ces phrases.

Vous mettez le lait dans le bol.
Vous ne renversez pas de lait.
Vous ajoutez du chocolat.
Vous ne buvez pas tout.

Recopie les phrases sur la bonne ligne.

phrases affirmatives : ....

....

phrases négatives : ....

....

Entoure les mots de la négation.

2 **Écris** chaque phrase à la forme négative. **Entoure** les mots de la négation.

Tu chantes bien.

....

Tu joues au football.

....

3 **Écris** deux phrases négatives avec ces mots.

[ne montes pas] [dans le bus] [tu]

....

[la porte] [vous] [ne fermez pas]

....

Fiche 61+

Des règles de vie (2)

1 **Coche** ce qu'il faut faire pour bien se comporter dans un transport en commun.

☐ Dire bonjour au chauffeur quand on arrive.
☐ Mettre ses pieds sur le siège.
☐ Mettre ses déchets à la poubelle.
☐ Attacher sa ceinture.
☐ Chanter et crier.
☐ Laisser sa place à une vieille dame ou à un vieux monsieur.

2 **Recopie** la phrase qui indique ce qu'il faut faire.

Quand tu montes dans le bus, tu bouscules tout le monde pour passer le premier.

Tu valides ton titre de transport.

Tu jettes tes déchets par terre.

....

3 **Complète** les phrases avec les mots proposés.

fort/doucement – monter/descendre

Dans le bus ou le train, je parle ....

Je laisse .... les passagers avant de ....

4 **Entoure** ce qu'il faut faire. **Barre** ce qu'il ne faut pas faire.

Tu t'allonges sur les sièges.

Tu t'assois correctement sur le siège.

Fiche 61++

Des règles de vie (2)

1 **Écris** ce que tu dois faire.

• Tu es assis dans le bus. Un vieux monsieur monte. Il n'a pas de place pour s'assoir, il est obligé de rester debout. Que dois-tu faire ?

Je dois ....

• Le bus s'arrête. Plusieurs personnes en descendent. Tu attends pour monter. Que ne dois-tu pas faire ?

Je ne dois pas ....

....

2 **Recopie** la phrase qui indique ce qu'il faut faire.

Quand tu montes dans le bus, tu bouscules tout le monde.
Tu valides ton titre de transport.
Tu jettes tes déchets par terre.

....

3 **Remplace** les mots en gras par les mots employés dans le texte.

• Tu valides ton **billet**. Tu valides ton ....

• Tu laisses ta place aux personnes **qui ont du mal à se déplacer**.

Tu laisses ta place aux personnes ....

• Tu ne **pousses** pas les passagers.

Tu ne .... pas les passagers.

• Tu t'assois **comme il faut** sur le siège.

Tu t'assois .... sur le siège.

Fiche 62+

L'ordre alphabétique (2)

a b c d e f g h i j k l m n o p q r s t u v w x y z

1 **Entoure** la première lettre de chaque mot.
Puis **récris**-les dans l'ordre alphabétique.

chapeau - trop - lettre

....

sept - huit - attraper - vélo

....

2 **Entoure** la deuxième lettre de chaque mot. Puis **récris**-les dans l'ordre alphabétique.

bras - ballon : ....

larme - lit : ....

pousse - pull : ....

colle - classe : ....

mouche - marcher : ....

3 **Barre** le mot qui est mal placé dans chaque ligne.

l**e**ntement - l**i**on - l**o**urd - l**u**ge - l**y**cée - l**a**pin

p**i**nceau - p**a**tiner - p**e**igne - p**l**anter - p**o**che - p**r**endre

b**a**llon - b**e**rceau - b**i**don - b**u**lle - b**l**eu - b**o**uche - b**r**anche

Fiche 62++

L'ordre alphabétique (2)

a b c d e f g h i j k l m n o p q r s t u v w x y z

1 **Entoure** la deuxième lettre de chaque mot en gras, puis **recopie**-les au bon endroit dans les lignes.

arbre - aigle affiche - .... - ami - ....

lettre - loup larme - .... - lire - ....

trois - taper .... - terre - tortue - ....

2 **Entoure** la deuxième lettre de chaque mot en gras, puis **indique** avec une flèche où il faut le ranger.

cercle c**a**ge - c**i**néma - c**l**asse - c**r**evette

flamme f**a**mille - f**i**celle - f**r**agile - f**u**mée

opération o**b**éir - o**i**seau - o**n**gle - o**u**til

ruban r**a**pide - r**e**ster - r**i**deau - r**o**i

3 **Recopie** les mots de chaque liste dans l'ordre alphabétique.

dire - dame - dur ....

mur - moule - matin ....

entrer - elle - eau ....

hurler - hiver - heure ....

Rédiger des petites règles de vie

1 **Recopie** la règle de vie sous le dessin qui convient.

Tu ne poses pas tes pieds sur le siège. Tu attaches ta ceinture.

....

....

Vérifie que tu n'as pas fait d'erreurs en copiant les phrases.

2 **Complète** les règles de vie dans le bus, à l'aide de ces groupes de mots.

cours - écoutes - ne - pas - de la musique -
dans le couloir - avec un casque

Tu ....

....

Tu ....

....

Vérifie que tu as mis le point à la fin des phrases.

Rédiger des petites règles de vie

1 **Complète** les règles de vie à la bibliothèque avec les mots proposés.

fort - doucement - joues - ne joues pas -
n'importe où - à leur place

À la bibliothèque

Tu parles .... avec ton voisin.

Tu ranges les livres ....

Tu .... avec les livres.

Vérifie que tu n'as pas fait d'erreurs en copiant les mots.

2 **Observe** les dessins et **écris** les règles de vie à la piscine.
Tu peux t'aider des mots suivants :

criez - poussez - écoutez - rangez - au bord du bassin -
un camarade - dans l'eau - le matériel

ce qu'il ne faut pas faire

ce qu'il faut faire

À la piscine

Vous ....

....

....

Vérifie que tu as mis la majuscule et le point pour chaque phrase et que tu as employé *vous*.

Documentaire sur les animaux (1)

1 **Coche** ce que la chenille utilise pour s'accrocher à un arbre.

☐ un fil de laine

☐ un fil de coton

☐ un fil de soie

2 **Recopie** la phrase du texte *De la chenille au papillon* qui correspond à cette image.

....

....

....

3 **Relie** chaque question à sa réponse.

Combien la grenouille pond-elle d'œufs ? •	• La grenouille pond ses œufs au fond de l'eau.
Où la grenouille pond-elle ses œufs ? •	• La grenouille pond des milliers d'œufs.

4 **Numérote** les phrases dans l'ordre.

☐ Les têtards perdent leur queue.

☐ Les pattes du têtard poussent.

☐ La grenouille pond des œufs.

☐ Le têtard perd sa queue et devient une grenouille.

☐ Les têtards sortent des œufs.

Documentaire sur les animaux (1)

1 **Complète** les réponses aux questions.

- Combien la grenouille pond-elle d'œufs ?

La grenouille pond ....

- Où la grenouille pond-elle ses œufs ?

Elle pond ses œufs ....

- Combien de temps après la ponte les têtards sortent-ils des œufs ?

Les têtards sortent ....

2 **Remplace** les mots en gras par les mots employés dans le texte.

- Je **mange** les feuilles.

Je .... les feuilles.

- Mon corps **prendra une autre forme**.

Mon corps ....

- Deux semaines après, je serai un **très beau** papillon.

Deux semaines après, je serai un .... papillon.

- Le nénufar est **sur** l'eau.

Le nénufar est .... de l'eau.

3 **Entoure** ce qui est vrai.

Le papillon pond des œufs.	La grenouille pond des œufs.
Un papillon sort de l'œuf.	Une grenouille sort de l'œuf.
Une chenille sort de l'œuf.	Un têtard sort de l'œuf.

Le son [d] comme

1 **Nomme** les dessins. **Entoure** le dessin quand tu entends [d].

2 **Nomme** les dessins.
Entoure le point qui correspond à l'endroit où tu entends [d].

●●●● ●●●● ●●● ●●●●● ●●●

3 **Lis** ces mots. Puis **recopie**-les sur la bonne ligne.

deux – le jardin – le cadeau – demander – demain – dehors – donner – un doigt

[d] est **au début du mot** :

....

....

[d] est **dans le mot** :

....

4 **Écris** les réponses aux devinettes.

Nous sommes les deux premiers jours de la semaine :

....

Le son [d] comme

1 **Écris** deux mots appris à partir de ces étiquettes.

de do der nner man

....

2 **Écris** *t* ou *d*. Puis **recopie** le groupe de mots.

une car...e .... un ...oigt ....

...imanche .... un ca...eau ....

une ...our .... un jar...in ....

3 **Relie** puis **écris** les jours de la semaine.

lun • ....

mar • ....

mercre • • di ....

jeu • ....

vendre • ....

4 **Complète** avec deux mots invariables appris. Puis **récris** la phrase.

........................, s'il fait beau, vous jouerez ....

5 **Recopie** les sept mots qui s'écrivent avec une lettre finale qui ne se prononce pas.

deux – dehors – une dent – dans – un drap – le sud – le début – doux – dur – dormir

....

....

Nathan 2018 – Français CE1 – Photocopie autorisée pour une classe seulement

Fiche 66+

La relation sujet-verbe au présent (10)

1 **Souligne** les mots qui changent quand on remplace *Je* par *Nous*.

Je suis dans le jardin.
Je dévore les feuilles de carottes.
Je reste sur une branche d'arbre pendant deux semaines.

Nous sommes dans le jardin.
Nous dévorons les feuilles de carottes.
Nous restons sur une branche d'arbre pendant deux semaines.

2 **Complète** avec *suis* ou *sommes* puis **récris** les phrases.

Nous .... à l'école.

....

Je .... à l'école.

....

3 **Écris** en remplaçant *Je* par *Nous*. Attention ! Le mot souligné change.

Je reste à la maison.

Nous ....

4 **Remplace** les mots soulignés par *Il* ou *Elle* puis **récris** les phrases.

Ma maison est dans cette rue.

....

Le bus arrive à l'heure.

....

Fiche 66++

La relation sujet-verbe au présent (10)

1 **Récris** le texte en remplaçant *Je* par *Nous*. Les mots soulignés changent.

Je suis dans le parc.
Je saute à la corde.
Puis je joue au ballon.
Puis je monte sur la balançoire.

Nous ....

....

....

....

2 **Récris** le texte en remplaçant *Nous* par *Je*.

Nous sommes dans le jardin.

....

Nous creusons un trou.

....

Nous plantons un petit arbre.

....

3 **Récris** les phrases en remplaçant les groupes de mots en gras par *il, ils, elle, elles*.

Sarah habite à Paris. ....

Le jardin est bien fleuri. ....

Les chenilles adorent les carottes. ....

Tes doigts sont petits. ....

1 **Lis** ce texte.

Les chenilles mangent des carottes.
Le papillon se pose sur une fleur.
Un oiseau chante dans un arbre.
Des grenouilles sautent dans la mare.

Recopie le mot avec le déterminant qui correspond à chaque dessin.

....

....

Retrouve tous ces mots dans les phrases et **souligne**-les.

2 **Entoure** le déterminant qui est devant chaque mot désignant une personne, un animal ou une chose.

la pluie	l'ourson	une machine
la fleur	un garçon	l'arbre

Recopie les déterminants : ....

1 **Lis** ce texte.

Dans un jardin, une fillette voit un papillon sur une fleur. Près de la mare, son frère regarde les grenouilles. Plus loin, sa sœur donne du pain à des canards.

Souligne les déterminants et les noms qui désignent des personnes.

Recopie les déterminants et les noms qui désignent des animaux.

....

....

2 **Relie** chaque déterminant au mot qui convient.
Un déterminant peut être relié à deux mots.

la •	
une •	• jardin
le •	• avion
l' •	• tête
un •	

3 **Complète** chaque phrase avec un mot qui désigne un animal ou une chose. **Entoure** le déterminant devant les mots que tu as écrits.

Je suis grand comme un ....

Je retournerai dans la ....

À deux ans, je quitterai ma .... définitivement.

Je mange de l' ....

Documentaire sur les animaux (2)

1 **Coche** ce qui est vrai.

☐ Le bébé kangourou avait des poils quand il est né.

☐ Le bébé kangourou découvre le monde à cinq mois.

☐ Le bébé kangourou retourne dans la poche de sa mère quand il y a un danger.

2 **Recopie** la phrase du texte qui indique comment était le bébé kangourou à la naissance.

....

....

3 **Relie** chaque question à sa réponse.

Où va le kangourou dès la naissance ? •	• Il sort la tête de la poche pour la première fois.
Que fait le kangourou à cinq mois ? •	• Il rampe jusqu'à la poche ventrale.

4 **Numérote** les phrases dans l'ordre.

☐ Le kangourou quitte la poche de sa mère pour la première fois à six mois.

☐ Le kangourou sort la tête de la poche de sa mère pour la première fois à cinq mois.

☐ Le kangourou quitte sa mère pour toujours à deux ans.

☐ Le kangourou quitte la poche de sa mère pour toujours à huit mois.

Documentaire sur les animaux (2)

1 **Complète** les réponses aux questions.

- Comment est le kangourou à la naissance ?

À la naissance, le kangourou ....

....

- Où va le kangourou dès la naissance ?

Dès la naissance, le kangourou ....

....

- Que fait le kangourou à cinq mois ?

À cinq mois, le kangourou ....

....

2 **Remplace** les mots en gras par les mots employés dans le texte.

- un jour **important** — un .... jour
- une poche **sur le ventre** — une poche ....
- J'ai **avancé** en me trainant sur le ventre.

J'ai .... en me trainant sur le ventre.

- J'ai commencé à **boire**.

J'ai commencé à ....

- Je continuerai à boire le lait de **ma mère**.

Je continuerai à boire le lait ....

- Je quitterai ma mère **pour toujours**.

Je quitterai ma mère ....

Fiche 69+

Des mots pour indiquer le lieu

1 **Lis** ces mots et **recopie**-les dans l'ordre alphabétique.

pré - papillon - poche

....

2 **Complète** les phrases avec les indicateurs de lieu proposés.

sur - sous

Le fromage est posé .... la table.

La souris est .... la table.

devant - derrière

Le chien noir marche .... son maitre.

Le chien blanc est .... son maitre.

autour - au milieu

Les promeneurs sont .... du lac.

Le bateau est .... du lac.

3 **Complète** les phrases avec ces indicateurs de lieu.

au fond - à la surface - près de - sous

La grenouille reste .... de la mare.

Le têtard reste .... l'eau.

La grenouille pondra des œufs .... de la mare.

Quand il y a du danger, le kangourou retourne .... de sa mère.

Recopie la deuxième phrase et **entoure** l'indicateur de lieu.

....

Fiche 69++

Des mots pour indiquer le lieu

1 **Lis** ces mots et **recopie**-les dans l'ordre alphabétique.

pré - papillon - poche - pyjama - place

....

2 **Recopie** le texte en remplaçant chaque mot en gras par ceux proposés.

à côté - au pied - au sommet

Le grand-père de Pierre habite dans un appartement **en haut** d'un immeuble. **En bas** de l'immeuble, il y a un parc de jeux et l'immeuble est **près** de la piscine municipale.

....

....

....

....

3 **Complète** le texte suivant en ajoutant des indicateurs de lieu.
Tu peux t'aider du mémo.

Visite d'un château fort

De loin, on aperçoit le château .... de la colline.

En arrivant, on voit des fossés .... du château.

Pour entrer, il faut passer sur un pont .... des fossés. On entre dans la cour et ...., on voit une grosse tour : le donjon.

Écrire des légendes

1 **Relis** le texte *Du têtard à la grenouille* page 96 de ton fichier. **Complète** les phrases pour indiquer où sont la grenouille, le nénufar, les têtards et les œufs. **Emploie** les indicateurs de lieu :

sous – à la surface de – dans le fond de – sur

Le nénufar est ……………………

La grenouille est ……………………

Les œufs sont ……………………

Les têtards sont ……………………

Vérifie que tu as mis un point à la fin de chaque phrase.

2 **Écris** une phrase sous chaque photo en t'aidant des mots :

sa mère – la chenille – le kangourou – sur – un brin d'herbe – est – avance – jeune – près de – reste

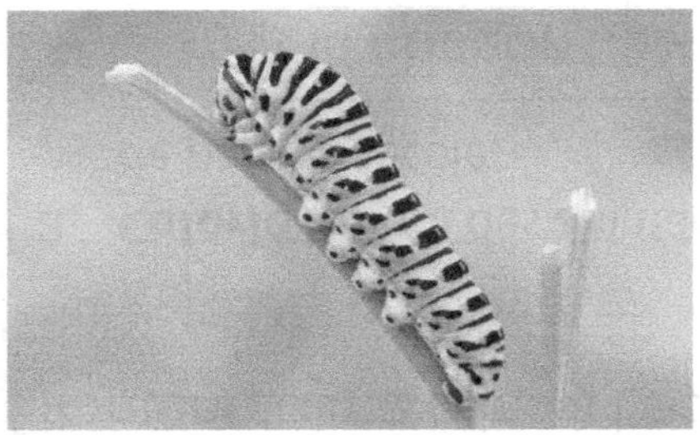

……………………

……………………

……………………

……………………

……………………

……………………

Vérifie que tu as mis les majuscules et les points.

Écrire des légendes

Écris une légende pour chaque dessin.
Emploie des mots pour indiquer le lieu.
Dis chaque phrase dans ta tête puis aide-toi du fichier-élève et du mémo pour écrire les mots.

……………………

……………………

……………………

……………………

……………………

……………………

……………………

……………………

Vérifie que tu as mis les majuscules, les points et que tu as employé des mots pour indiquer le lieu.

Fiche 71+

Je veux aller à l'école (1)

1 **Entoure** la phrase qui est vraie.

Filomena n'aime pas aller à l'école.

Filomena aime aller à l'école.

2 **Colorie** le nom des animaux que Filomena soigne le matin avant de partir à l'école.

le cochon	le chien	la chèvre
le cheval	les poules	les vaches

3 **Relie** chaque question à sa réponse.

Pourquoi Filomena doit-elle se lever de bonne heure ? •	• Elle va à l'école.
Où va-t-elle après avoir nourri les animaux ? •	• Elle met sa plus belle robe car, aujourd'hui, c'est la distribution des prix.
Pourquoi Filomena met-elle sa plus belle robe ? •	• Elle doit nourrir les animaux.

4 **Recopie** la phrase qui indique ce que Filomena a eu lors de la distribution des prix.

....

....

....

Fiche 71++

Je veux aller à l'école (1)

1 **Écris** les réponses aux questions.

- Pourquoi Filomena doit-elle se lever tôt ?

Elle doit se lever tôt pour ....

....

- Où va-t-elle après avoir nourri les animaux ?

Elle va ....

- Pourquoi Filomena met-elle sa plus belle robe ?

Elle met sa plus belle robe car aujourd'hui, c'est ....

....

2 **Écris** les noms des animaux que Filomena doit soigner avant de partir à l'école.

....

3 **Complète** les phrases avec le mot qui convient.

mère – maire

Filomena écoute le discours du ....

La .... de Filomena accompagne sa fille à l'école pour la distribution des prix.

4 **Remplace** les mots en gras par les mots employés dans le texte.

- Elle **donne à manger à** la chèvre.

Elle .... la chèvre.

- Les élèves montent sur **un plancher au-dessus du sol.**

Les élèves montent sur l'.................................... .

Le son [o] comme et [ɔ] comme

1 **Nomme** les dessins. **Entoure** le dessin en bleu quand tu entends [o] et en vert quand tu entends [ɔ].

2 **Nomme** les dessins.
Entoure le point qui correspond à l'endroit où tu entends [o] ou [ɔ].

3 **Lis** ces mots. Puis **recopie**-les sur la bonne ligne.

un oiseau – une auto – un homme – aussitôt – haut – le soleil – l'automne

[o] s'écrit **o** : ....

[o] s'écrit **ô** : ....

[o] s'écrit **au** : ....

[o] s'écrit **eau** : ....

4 **Écris** la réponse à la devinette.

Je suis une image prise avec un appareil spécial ou un téléphone : une ....

Le son [o] comme et [ɔ] comme

1 **Écris** deux mots appris à partir de ces étiquettes.

leil au tôt ssi so

.... le ....

2 **Écris** *le*, *la* ou *l'* devant chaque mot puis **récris** le groupe de mots.

.... moto ....

.... homme ....

.... oiseau ....

.... soleil ....

.... eau ....

.... automne ....

.... auto ....

3 **Relie** les parties de mots pour former cinq mots. Puis **écris** ces mots.

ca •		un ....
man •	• deau	un ....
cou •		un ....
ba •	• teau	un ....
ri •		un ....

4 **Recopie** les cinq mots qui s'écrivent avec une lettre finale qui ne se prononce pas.

aussitôt – haut – chaud – du sirop – un vélo – un abricot

....

Fiche 73+

Le verbe

1 **Relie** le verbe souligné à ce que fait la personne.

elle mange • elle chante • elle danse • elle saute

2 **Souligne** le verbe dans chaque phrase.

Je téléphone à Zoé. Nous téléphonons à Zoé.

Le train arrive dans la gare. Vous arrivez dans la gare.

Luc enfile des chaussettes. Tu enfiles des chaussettes.

Le chat ronronne sur le tapis. Les chats ronronnent sur le tapis.

Vous taillez un crayon. Nous taillons un crayon.

3 **Recopie** les trois phrases qui ont le même verbe. **Souligne** ce verbe.

Le joueur tape dans le ballon.
Vous avancez lentement.
Nous sortons nos affaires du sac.
Tu tapes sur un clou.
La pluie tape sur les carreaux.

....

....

....

Fiche 73++

Le verbe

1 **Recopie** chaque verbe dans la bonne phrase.

grimpe - plonge - dessine - broute

Le chat .... dans l'arbre.

Je .... une maison.

La girafe .... les feuilles des arbres.

Le canard .... dans l'eau.

2 **Recopie** chaque phrase en remplaçant le verbe en gras par un verbe de la liste.

saute - ramasses - broute - regarde

La chèvre **mange** de l'herbe.

....

La lionne **bondit** sur l'antilope.

....

Je **lis** un livre. ....

Tu **cueilles** des champignons.

....

3 **Écris** l'infinitif de chaque verbe.

Tu parles - Nous parlons - Vous parlez ....

Je dessine - Elle dessine - Nous dessinons ....

Elles pensent - Vous pensez - Tu penses ....

Nous dansons - Ils dansent - Je danse ....

Vous rêvez - Tu rêves - Elle rêve ....

Le sujet du verbe

1 **Recopie** les pronoms qui sont les sujets des verbes soulignés.

Le matin, nous <u>brossons</u> nos cheveux.
Ce soir, tu <u>prépares</u> le repas.
Je <u>recopie</u> la leçon.
Vous <u>avez</u> soif.
Sur la plage, il <u>joue</u> au ballon.

....

2 **Complète** chaque phrase pour trouver le sujet du verbe souligné.

Le jardinier <u>arrose</u> le jardin.

C'est .... **qui** arrose le jardin.

L'auto <u>roule</u> vite.

C'est .... **qui** roule vite.

Les oiseaux <u>volent</u>.

Ce sont .... **qui** volent.

3 **Recopie** les trois phrases qui ont le même sujet. **Entoure** le sujet.

Filomena <u>quitte</u> la ferme.
La maitresse <u>parle</u> avec Filomena.
Filomena <u>monte</u> sur l'estrade.
Le maire <u>fait</u> un discours.
Filomena <u>travaille</u> bien.

....

....

....

Le sujet du verbe

1 **Recopie** chaque sujet dans la bonne phrase.

l'éléphant – le chat – le renard – le chien

Devant la porte de la cuisine, ... miaule.

Ce matin, ... aboie.

Pour boire, ... avale de l'eau avec sa trompe.

Dans la forêt, ... creuse un terrier.

Recopie la dernière phrase. **Entoure** le sujet et **souligne** le verbe.

....

2 **Entoure** le pronom sujet dans chaque phrase.

Dans la piscine, tu nages longtemps.
Je regarde la télévision.
Dans le pré, elle mange de l'herbe.
Le matin, vous montez dans le bus.
Nous ramassons des châtaignes.
En ville, ils habitent dans un immeuble.

Recopie la première phrase. **Entoure** le sujet et **souligne** le verbe.

....

3 **Souligne** le verbe et **entoure** le sujet dans chaque phrase.

L'avion décolle cette nuit.

Tu découpes des étoiles en carton.

Nous regardons la télévision.

Les élèves préparent des nichoirs pour les oiseaux.

Fiche 75+

Je veux aller à l'école ! (2)

1 **Relie** chaque question à sa réponse.

Où Filomena range-t-elle sa belle robe ? •	• Elle parle tout le temps.
Que fait Filomena en rangeant sa robe ? •	• Elle range sa robe dans l'armoire.

2 **Écris** qui prononce ces paroles.

la mère de Filomena – Filomena

.... :

– Plus tard, j'ai très envie d'être maitresse.

.... :

– Tu dois rester ici pour nous aider à la ferme.

3 **Recopie** la phrase qui indique où il faut aller à l'école après douze ans.

....

....

4 **Numérote** les phrases dans l'ordre de l'histoire.

☐ Filomena est triste.

☐ Filomena range sa belle robe, elle est contente.

☐ Filomena est allée à la distribution des prix, elle a reçu des prix.

Fiche 75++

Je veux aller à l'école ! (2)

1 **Coche** la bonne réponse.

Pourquoi Filomena danse-t-elle en rentrant de l'école ?

☐ Parce qu'elle est contente, l'école est finie.

☐ Parce qu'elle est contente, elle a eu des prix et la maitresse lui a dit qu'elle pourrait être maitresse.

2 **Écris** chaque phrase sur la ligne qui convient.

Aujourd'hui, Filomena gagne deux livres.

L'année prochaine, Filomena restera à la ferme pour aider ses parents.

L'école s'est installée il y a deux ans.

Avant : ....

....

Aujourd'hui : ....

....

Plus tard : ....

....

3 **Coche** ce qui est vrai.

Filomena veut continuer à aller à l'école :

☐ pour aller à la ville ☐ pour devenir maitresse

Filomena est triste car :

☐ elle ne pourra pas devenir maitresse.

☐ elle devra aller à l'école de la ville toute seule.

Des verbes pour indiquer un déplacement

1 **Lis** ces mots et **recopie**-les dans l'ordre alphabétique.

homme - haut - hiver

....

2 **Relie** chaque dessin au verbe qui convient. **Souligne** ce verbe.

- bondit au-dessus du fossé.
- escalade la montagne.
- galope dans la prairie.
- rampe sur le sol.

3 **Complète** les phrases avec le verbe qui convient.

nage - monte - plonge - sors

À la piscine, je .... sur le plongeoir.

Puis, je .... Je .... pendant un quart d'heure.

Puis, je .... de l'eau.

Recopie la première phrase et **entoure** le verbe qui indique un déplacement.

....

Des verbes pour indiquer un déplacement

1 **Lis** ces mots et **recopie**-les dans l'ordre alphabétique.

homme - haut - hiver - herbe - hurler

....

2 **Lis** ces verbes. **Entoure** ceux qui indiquent un déplacement.

marcher - grimper - escalader - parler - descendre - bavarder - sauter - bondir - nager - manger - voler - ramper

3 **Complète** les phrases avec les verbes proposés.

avance - traverse - roule - monte

Le chat .... l'escalier pour aller au grenier.

La voiture .... trop vite.

Le petit garçon .... vers la mer.

La fillette .... la rue.

4 **Recopie** chaque phrase en remplaçant le verbe en gras par un verbe de même sens. Tu peux utiliser le mémo.

Le kangourou **bondit** dans le pré.

....

L'alpiniste **gravit** la montagne.

....

Le cheval **court** dans la prairie.

....

Fiche 77+

Écrire une suite d'actions

1 **Complète** les phrases pour raconter ce que fait Filomena le matin. **Choisis** parmi les mots ci-dessous.

donne à manger à/nourrit - se lève/saute du lit - quitte/sort de - part à/va à

Le matin, Filomena .... de bonne heure.

Elle .... la chèvre puis elle ....

la ferme et elle .... l'école.

Vérifie que tu n'as pas fait d'erreurs en recopiant les mots.

2 **Écris** une phrase sous chaque dessin en employant des verbes d'action. Aide-toi des mots ci-dessous.

bondit - monte - la souris - le bus

Le chat ....

Un homme ....

Vérifie que tu as mis les majuscules et les points.

Fiche 77++

Écrire une suite d'actions

Écris une légende pour chaque dessin.

Indique un prénom pour la fillette : ....

Dis chaque phrase dans ta tête, puis aide-toi des mots en bas de la fiche et de ton mémo pour écrire les verbes d'action.

Des mots dont tu peux avoir besoin : le parc - le toboggan - glisser - la balançoire - un jeu d'escalade

Vérifie que tu as mis les majuscules et les points et que tu as employé des verbes d'action.

Fiche 78+

Je veux aller à l'école ! (3)

1 **Remplace** le mot en gras par la personne qu'il désigne.

Filomena – Gloria

Quelqu'un s'approche sur le chemin.

.... s'approche sur le chemin.

2 **Recopie** la phrase qui est vraie.

Filomena lit la lettre une seule fois.

Gloria travaille chez un écrivain public.

Gloria ne peut pas lire la lettre de Manuel car elle ne sait pas lire.

....

....

3 **Relie** chaque question à sa réponse.

Où allait Gloria ? •	• Filomena a appris à lire à l'école.
Où Filomena a-t-elle appris à lire ? •	• Gloria n'est pas allée à l'école alors elle n'a pas appris à lire.
Pourquoi Gloria ne sait-elle pas lire ? •	• Gloria allait chez l'écrivain public.

4 **Écris** qui est désigné par *tu*.

– Est-ce que **tu** veux bien me la lire encore une fois ?

....

Fiche 78++

Je veux aller à l'école ! (3)

1 **Écris** les réponses aux questions.

• Où allait Gloria ?

Gloria allait ....

• Où Filomena a-t-elle appris à lire ?

Filomena a appris à lire ....

• Pourquoi Gloria ne sait-elle pas lire ?

Gloria n'est pas allée .... alors

....

2 **Relie** chaque pronom à ce qu'il désigne.

Puis **elle** demande : •

– Est-ce que **tu** veux bien •

me **la** lire encore une fois ? •

– Bien sûr, répond Filomena.

Et **elle** relit la lettre encore •

une fois, deux fois, trois fois...

• Filomena

• Gloria

• la lettre

3 **Remplace** les mots en gras par les mots employés dans le texte.

• Je vais voir **la personne qui lit des lettres à ceux qui ne savent pas lire**. Je vais voir l'..

• Gloria regarde **les lettres** sur le papier.

Gloria regarde .... sur le papier.

1 **Nomme** les dessins. **Entoure** le dessin en bleu quand tu entends [œ] et en vert quand tu entends [ø].

2 **Nomme** les dessins.
Entoure le point qui correspond à l'endroit où tu entends [œ] ou [ø].

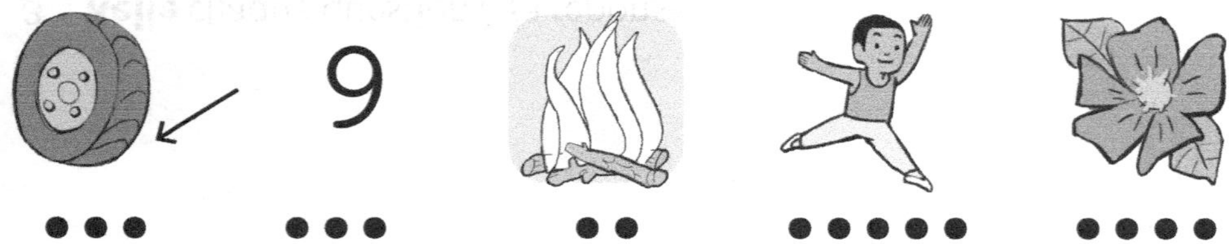

3 **Lis** ces mots. Puis **recopie**-les sur la bonne ligne.

une sœur – le feu – bleu – le cœur – une heure – un jeu – vieux – une fleur

les mots écrits avec **eu** :

....

les mots écrits avec **œu** :

....

4 **Écris** les réponses aux devinettes.

Je suis le nombre avant dix : ....

Je suis la couleur du ciel quand il fait beau : ....

1 **Complète** avec *eu* ou *œu* et **récris** les mots.

une fl.......r ....   le c.......r ....
une s.......r ....   la p.......r ....
une h.......re ....   n.......f ....

2 **Complète** avec *eu* ou *œu* et **récris** les mots.

bl....... ....   des y.......x ....
le f....... ....   un j....... ....
vi.......x ....   des ....fs ....

3 **Recopie** les mots dans la bonne colonne.

une couleur – le milieu – le beurre – un euro – un meuble – un écureuil – heureux – affreux

[ø]	[œ]
....	....
....	....
....	....
....	....

4 **Recopie** les cinq mots qui s'écrivent avec une lettre finale qui ne se prononce pas.

deux – une queue – un cheveu – un nœud – un cœur – vieux – neuf – peureux – seul

....

....

La relation sujet-verbe au présent (11)

1 **Souligne** les verbes qui changent quand on remplace *La fillette* par *Les fillettes.* **Entoure** les pronoms qui changent.

La fillette arrive dans le pré.
Elle pense à la maitresse.
Elle a envie d'aller à l'école.

Les fillettes arrivent dans le pré.
Elles pensent à la maitresse.
Elles ont envie d'aller à l'école.

2 **Complète** avec *a* ou *ont.* **Recopie** les phrases. **Souligne** le verbe.

Les fillettes .... faim.

....

La fillette .... faim.

....

3 **Récris** la phrase en remplaçant *La fillette* par *Les fillettes.*
Attention ! Le verbe souligné change.

La fillette <u>regarde</u> un livre.

Les fillettes ....

4 **Remplace** le sujet souligné par *Elle* ou *Elles* puis **récris** les phrases.

<u>La maitresse</u> pense à Filomena.

....

<u>Les maitresses</u> pensent à Filomena.

....

La relation sujet-verbe au présent (11)

1 **Récris** le texte en remplaçant *La fillette* par *Les fillettes.*
Les verbes soulignés changent.

La fillette <u>marche</u> dans le pré.
Elle <u>regarde</u> les chèvres.
Elle <u>pense</u> à la maitresse.
Elle <u>a</u> envie d'aller à l'école.

Les fillettes ....

....

....

....

2 **Récris** le texte en remplaçant *Les chèvres* par *La chèvre.*

Les chèvres <u>arrivent</u> dans le pré.

....

Elles <u>ont</u> faim.

....

Elles <u>gambadent</u> partout.

....

3 **Récris** chaque phrase en remplaçant le groupe de mots sujet en gras par *il, ils, elle, elles.*

Le vent souffle. ....

La lionne a plusieurs lionceaux. ....

Les oiseaux font un nid. ....

Les fourmis travaillent. ....

Fiche 81+

Des phrases dans un texte (6)

1 **Lis** ce texte.

Filomena est dans le pré avec ses chèvres. Gloria arrive. Elle a une lettre dans son sac. Est-ce qu'elle va demander à Filomena de la lire ?

Colorie la majuscule au début de chaque phrase et le point à la fin de chaque phrase.

Écris le nombre de phrases : ....

Recopie la phrase qui est une question.

....

2 **Recopie** la fin de la question à la bonne place. **Ajoute** le point d'interrogation.

a une lettre dans son sac – lit la lettre à Gloria

Est-ce que Filomena ....

Est-ce que Gloria ....

3 **Recopie** le début de la question à la bonne place.

Est-ce que Gloria – Est-ce que Filomena

.... est contente de ne plus aller à l'école ?

.... est contente d'avoir reçu une lettre de Manuel ?

Fiche 81++

Des phrases dans un texte (6)

1 **Lis** ce texte.

Filomena est triste. Elle est dans le pré avec ses chèvres. Heureusement, Gloria arrive. Filomena est contente car elle aime bien Gloria. La vieille dame a une lettre dans son sac. Est-ce qu'elle va demander à Filomena de la lire ? Est-ce que Filomena va accepter ?

Écris le nombre de phrases : ....

Recopie une phrase déclarative.

....

Recopie une phrase interrogative.

....

2 **Lis** les réponses. Puis **écris** les questions en utilisant *Est-ce que*.

....

Oui, Filomena est triste.

....

Oui, Gloria est contente d'avoir reçu une lettre de Manuel.

....

Oui, Filomena veut bien lire la lettre plusieurs fois.

....

Fiche 82+

Je veux aller à l'école ! (4)

1 **Recopie** la phrase qui est vraie.

- Filomena ne veut plus lire de lettres à Gloria.
- Cela a fait plaisir à Filomena de lire une lettre à Gloria.
- Gloria donne six escudos à Filomena.

....

....

2 **Coche** la bonne explication.

– Merci, je me rappelle tout. Je vais pouvoir le raconter à la famille.

☐ Gloria va parler à la famille de sa rencontre avec Filomena.

☐ Gloria sait tout ce qu'il y a dans la lettre, elle pourra le dire à sa famille.

3 **Remplace** le groupe de mots en gras par ce qu'il représente.

Elle s'aperçoit que Gloria fourre **quelque chose** dans son sac.

Elle s'aperçoit que Gloria fourre .... dans son sac.

4 **Écris** qui est désigné par *je*.

– Bien sûr que **je** leur dirai.

....

Fiche 82++

Je veux aller à l'école ! (4)

1 **Relie** chaque pronom à ce qu'il désigne.

– Merci, **je** me rappelle tout. •	• Filomena
C'est vrai, pendant un moment, **elle** a oublié sa tristesse. •	• Gloria
– Dis ... dis à ceux qui reçoivent des lettres de soldats que **je** suis •	• les lettres
capable de **les** lire ! •	

2 **Remplace** les mots en gras par les mots employés dans le texte.

- Gloria **met** quelque chose dans son sac.

Gloria .... quelque chose dans son sac.

- Elle court vers Gloria et lui lance **en ayant du mal à prononcer les mots**...

Elle court vers Gloria et lui lance ....

3 **Coche** la bonne explication.

– Merci, je me rappelle tout. Je vais pouvoir le raconter à la famille.

☐ Gloria va parler à la famille de sa rencontre avec Filomena.

☐ Gloria sait tout ce qu'il y a dans la lettre, elle pourra le dire à sa famille.

... un espoir extraordinaire se lève dans son cœur.

☐ Filomena pense que si elle peux lire des lettres, elle gagnera de l'argent pour payer l'école.

☐ Filomena pense qu'elle aura de l'argent pour acheter des livres.

Fiche 83+

Des mots pour dire « la manière de faire... »

1 **Lis** ces mots et **recopie**-les dans l'ordre alphabétique.

moustique – Manuel – milieu

....

2 **Relie** le groupe de mots en gras au mot en *-ment* qui convient.

de manière simple •	• joyeusement
de manière brusque •	• simplement
avec joie •	• correctement
de manière correcte •	• attentivement
avec attention •	• brusquement

3 **Remplace** chaque mot ou groupe de mots en gras par un des mots proposés.

lentement – courageusement – tristement

Filomena est **triste**. Elle pense à l'école ....

Filomena a **du courage**. Elle travaille .... à la ferme.

Filomena emmène ses vaches au pré **avec lenteur**.

Elle marche ....

4 **Recopie** la phrase en remplaçant le mot en gras par un mot terminé par *-ment*.

Filomena parle **avec douceur** à Gloria.

....

Fiche 83++

Des mots pour dire « la manière de faire... »

1 **Lis** ces mots et **recopie**-les dans l'ordre alphabétique.

mur – moustique – Manuel – milieu – méchant

....

2 **Complète** chaque phrase avec le mot en *-ment* qui convient.

proprement – lentement – gentiment – rapidement – difficilement

Ce bébé est sage. Il reste .... dans son lit.

Papi se déplace avec difficulté. Il marche ....

La tortue prend son temps ! Elle se déplace ....

Le lièvre, lui, est pressé. Il se déplace ....

Le cahier de Lise est soigné, elle travaille ....

3 **Recopie** chaque phrase en remplaçant les mots en gras par un mot en *-ment* ayant le même sens.

Dans la classe, nous travaillons **de manière silencieuse**.

....

Yanis bouscule sa sœur **de manière brutale**.

....

L'oiseau est blessé, je le prends **de manière délicate** dans mes mains.

....

Nous avons fait les exercices **avec facilité**.

....

Écrire un dialogue

1 **Recopie** ce texte avec les signes du dialogue.

Filomena dit à Goria en bafouillant
Dis… dis à ceux qui reçoivent des lettres de soldats que je peux les lire !

....

....

....

Vérifie que tu as mis les deux-points et le tiret.

2 **Complète** le dialogue avec les verbes qui conviennent.

demande – répond

La mère de Filomena .... :

- Tu as vu Gloria aujourd'hui ?

Filomena .... :

- Oui, elle voulait que je lise la lettre de Manuel.

Vérifie que tu as mis le bon verbe.

3 **Ajoute** la réponse de Gloria.

Filomena dit à Goria en bafouillant :
- Dis… dis à ceux qui reçoivent des lettres de soldats que je peux les lire !
Gloria répond :

....

Vérifie que tu as mis le tiret, la majuscule et le point.

Écrire un dialogue

1 **Complète** le dialogue avec les signes du dialogue et les verbes qui conviennent.

demande – répond – dit

La mère de Filomena ....

Tu as vu Gloria aujourd'hui ?

Filomena ....

Oui, elle voulait que je lise la lettre de Manuel.

Sa mère ....

Elle est gentille, Gloria, je crois que tu l'aimes bien.

Vérifie que tu as mis les deux-points, les tirets et les verbes qui conviennent.

2 **Complète** le texte. **Emploie** les deux mots :

doucement – gentiment

Une personne âgée avec une canne hésite à traverser une grande rue. Elle demande de l'aide à Hugo, un jeune garçon.

La dame âgée ....

Est-ce que ....

Hugo ....

....

Vérifie que tu as mis les deux-points, les tirets, les verbes qui conviennent, les majuscules et les points.

Fiche 85+

La comédie de l'alphabet (1)

1 **Relie** chaque question à sa réponse.

Qui arrête la sonnerie du réveil ? •	• le E
Qui a ronflé toute la nuit ? •	• le O
Quelle lettre donne des coups de barre ? •	• le C
Quelle lettre est tout en rondeur ? •	• le F
Quelle lettre a faim ? •	• le Z

2 **Entoure** la lettre qui prononce ces paroles.

le E - le O

Attention, tu me donnes des coups de barre !

3 **Recopie** la phrase qui indique que les lettres ne sont pas encore bien réveillées.

....

....

4 **Complète** la réplique du C en indiquant le nom de ton école et de la ville ou du village.

Allô ?... Oui, c'est bien l'alphabet de l'école ....

....

Fiche 85++

La comédie de l'alphabet (1)

1 **Réponds** à chaque question avec le nom de la lettre.

Qui arrête la sonnerie du réveil ? Le ....

Qui a ronflé toute la nuit ? Le ....

Quelle lettre donne des coups de barre ? Le ....

Quelle lettre est tout en rondeur ? Le ....

Quelle lettre est pointue ? Le ....

Quelle lettre a faim ? Le ....

Quelle lettre dit bonjour à tout le monde et pose une question ? Le ....

2 **Recopie** la phrase qui indique que les lettres ne sont pas encore bien réveillées.

....

....

3 **Relie** les paroles à la lettre qui les prononce.

D'accord, entendu. Merci. •	• le F
J'ai une faim de fauve. •	• le O
Attention, tu me donnes des coups de barre ! •	• le C

4 **Complète** la réplique du C en indiquant le nom de ton école et de la ville ou du village.

Allô ?... Oui, c'est bien l'alphabet de l'école ....

....

Fiche 86+

Le son [s] comme

1 **Nomme** les dessins.
Entoure le dessin quand tu entends [s].

2 **Nomme** les dessins.
Entoure le point qui correspond à l'endroit où tu entends [s].

●●●● ●●●●● ●●●●● ●●●●●● ●●●●

3 **Lis** ces mots. Puis **recopie**-les sur la bonne ligne.

le ciel - l'anniversaire - assez - ensuite - dessiner - cent - la classe - un garçon

[s] s'écrit **s** : ....

[s] s'écrit **ss** : ....

[s] s'écrit **c** : ....

[s] s'écrit **ç** : ....

4 **Écris** les réponses aux devinettes.

Je suis le nombre avant huit : ....

Je suis une période pendant laquelle on ne va pas à l'école :

les ....

Fiche 86++

Le son [s] comme

1 **Écris** deux mots appris à partir de ces étiquettes.

gar | a | çon | saire | nni | ver

un .... un ....

2 **Écris** les mots qui sont incomplets en t'aidant des mots qui leur ressemblent. Attention, il faut parfois ajouter une cédille.

la glace, un gla♦on : ....

placer, une pla♦e : ....

balancer, une balan♦oire : ....

3 **Complète** les mots avec *s* ou *ss*, puis **récris**-les.

de......iner .... un e......cargot ....

une cla......e .... bon......oir ....

une ta......e .... traver......er ....

4 **Écris** les deux mots invariables appris.

....

5 **Recopie** les six mots qui s'écrivent avec une lettre finale qui ne se prononce pas.

gris - cent - un ours - souvent - dehors - aussitôt - trois - sept - le bus

....

....

Fiche 87+

La relation sujet-verbe au présent (12)

1 **Souligne** les verbes qui changent quand on remplace *La lettre* par *Tu*.

La lettre T a encore sommeil.

Elle bâille.

Elle écoute la lettre C qui est au téléphone.

Tu as encore sommeil.

Tu bâilles.

Tu écoutes la lettre C qui est au téléphone.

2 **Complète** avec *a* ou *as*. **Récris** les phrases. **Souligne** le verbe.

Tu .... quelque chose à dire aux lettres.

....

La lettre C .... quelque chose à dire aux lettres.

....

3 **Écris** en remplaçant chaque lettre par *Tu*.
Attention ! Le verbe souligné change.

La lettre C <u>décroche</u> le téléphone.

Tu ....

La lettre T <u>bâille</u>.

....

La lettre S <u>reste</u> debout à côté de T.

....

Fiche 87++

La relation sujet-verbe au présent (12)

1 **Récris** le texte en remplaçant chaque sujet par *Tu*.
Les verbes soulignés changent.

La lettre C <u>réveille</u> tout le monde.

La lettre T <u>bâille</u>.

Elle <u>a</u> encore sommeil.

La lettre S <u>reste</u> debout à côté de T.

La lettre C <u>parle</u> au téléphone.

Tu ....

....

....

....

....

2 **Récris** les phrases en remplaçant *Tu* par *La lettre F* ou *Elle*.

Tu <u>as</u> faim.

....

Tu <u>aimes</u> les fraises.

....

Tu <u>ressembles</u> à E.

....

Tu <u>embêtes</u> E.

....

Le présent des verbes du 1er groupe

1 **Relie** chaque pronom sujet au verbe qui convient.
Un pronom peut être relié à deux verbes.

Je •	• lance le ballon.
Nous •	• rêvez.
Tu •	• parlons anglais.
Vous •	• cherches ta règle.
Elle •	• dessinent des animaux.
Ils •	

2 **Ajoute** les terminaisons. **Recopie** les phrases.

Le garçon téléphon............ .

....

Tu donn............ à manger aux oiseaux.

....

Les étoiles brill............ .

....

3 **Complète** avec le pronom qui convient. **Recopie** les phrases.

Je – Vous – Nous

.... dessinez un chat.

....

.... découpons des étiquettes.

....

.... demande du pain.

....

Le présent des verbes du 1er groupe

1 **Complète** avec le pronom qui convient.

Je – Tu – Il *ou* Elle – Nous – Vous – Ils *ou* Elles

.... mange beaucoup de fruits.

.... cherches ta balle.

.... regardons un dessin animé.

.... pleurent pour avoir une glace.

.... tournez les pages du livre.

Souligne chaque verbe et **entoure** sa terminaison.

2 **Récris** chaque phrase avec les mots proposés.

La princesse arrive au bal.

Les princesses ....

Tu restes à la maison.

Nous ....

Je donne à boire au bébé.

Vous ....

3 **Conjugue** les verbes au présent.

marcher : Je .... dans le bois.

visiter : Tu .... un château.

rapporter : Les renards .... une poule à leurs petits.

annoncer : Tibi .... le retour de Papa.

jouer : Nous .... à la marelle.

Fiche 89+

La comédie de l'alphabet (2)

1 **Relie** chaque question à sa réponse.

Qui est fatigué ? •	• le E
Qui ne veut pas rester à côté de E ? •	• le R
Quelle lettre commande ? •	• le C
Quelle lettre est vexée ? •	• le F

2 **Entoure** la lettre qui prononce ces paroles.

le F - le O

Mais d'abord, qui a décidé de cet ordre alphabétique ?

3 **Recopie** la phrase qui indique que les lettres ne sont pas pressées de se ranger.

....

....

4 **Complète** les paroles prononcées par les lettres.

C : Allez, allez, les lettres, on .... !

R : Doucement, ...

C : ...., dans les rangs !

Fiche 89++

La comédie de l'alphabet (2)

1 **RépondS** à chaque question en indiquant le nom de la bonne lettre.

Qui est fatigué ? Le ......

Qui ne veut pas rester à côté de E ? Le ......

Quelle lettre commande ? Le ......

Quelle lettre est vexée ? Le ......

2 **Recopie** la phrase qui indique que les lettres ne sont pas pressées de se ranger.

....

....

3 **Relie** les paroles aux lettres qui les prononcent.

Doucement, chef. •	
L'ordre alphabétique est le seul qui soit. •	• le C
C'est vrai ça, on ne nous a jamais consultés. •	• le R
C'est un coup à nous confondre. •	• le E
Je ne veux pas rester à côté de lui. •	• le F
Du calme, dans les rangs ! •	

4 **Écris** qui prononce ces paroles et en s'adressant à qui.

- Eh bien, pars, si c'est comme ça.

La lettre ...... parle à la lettre ....

L'ordre alphabétique (3)

a b c d e f g h i j k l m n o p q r s t u v w x y z

1 **Entoure** la deuxième lettre de chaque mot.
Puis **récris**-les dans l'ordre alphabétique.

classe - ciel - cent

....

dessiner - dame - droit - dur

....

2 **Entoure** la troisième lettre de chaque mot.
Puis **récris**-les dans l'ordre alphabétique.

cirque - citron : ....

dérouler - dépenser : ....

enfin - encore : ....

garder - gazelle : ....

jeter - jeudi : ....

3 **Barre** le mot qui est mal placé.

- ma**d**ame - ma**i**n - ma**g**icien - ma**n**teau - ma**r**cher - ma**t**ch
- ro**b**ot - ro**c**her - ro**n**de - ro**s**ier - ro**u**te - ro**i**
- ti**c**ket - ti**m**bre - ti**r**er - ti**g**e - ti**s**ane - ti**t**re

L'ordre alphabétique (3)

a b c d e f g h i j k l m n o p q r s t u v w x y z

1 **Entoure** la troisième lettre de chaque mot en gras, puis **recopie**-les au bon endroit dans les lignes.

montre - mouche moment - .... - mordre - ....

feu - fenêtre femme - .... - fermier - ....

raquette - raconter .... - radio - rapide - ....

2 **Entoure** la troisième lettre de chaque mot en gras, puis **indique** avec une flèche où il faut le ranger.

bosse bo**c**al - bo**i**re - bo**n**dir - bo**u**cher

farine fa**b**riquer - fa**c**ile - fa**i**ble - fa**m**ille

galoper ga**g**ner - ga**i**e - ga**r**çon - gâ**t**eau - ga**u**fre

page pa**i**n - pa**n**ier - pa**q**uet - pa**r**tir - pa**s**ser

3 **Recopie** les mots de chaque liste dans l'ordre alphabétique.

aussi - aujourd'hui - auto - aucun

....

col - coiffer - cou - cochon

....

notre - nord - nouvelle - noix

....

sage - sable - sauver - samedi

....

Fiche 91+

Écrire des répliques

1 **Complète** le texte en ajoutant les deux-points.

C Allez, allez, les lettres, on se range !

R Doucement, chef.

2 **Recopie** les répliques encadrées en les présentant comme il convient pour un texte de théâtre. **N'oublie pas** les deux-points.

O C'est ça le problème avec les lettres pointues...

E Oh, pardon !

O *(s'adressant au E)* : Attention, tu me donnes des coups de barre !

....

....

....

Vérifie que tu as mis les deux-points et que tu as changé de ligne à chaque réplique.

3 La lettre I a mal dormi parce que la lettre D a un gros ventre et prend toute la place. **Écris** la réponse de I à T.

T : Salut, bien dormi ?

I ....

Vérifie que tu as mis les deux-points et que tu as mis un point à la fin de la phrase.

Fiche 91++

Écrire des répliques

1 **Recopie** le texte en le présentant comme un texte de théâtre.

C : Debout ! Allez, allez, on se réveille ! L'équipe de nuit a presque terminé son service, c'est bientôt à nous. T : Salut, bien dormi ? D : Bof, le Z a ronflé toute la nuit.

....

....

....

....

Vérifie que tu as mis les deux-points et que tu as changé de ligne à chaque réplique.

2 La lettre I a mal dormi parce que la lettre D a un gros ventre et prend toute la place. **Écris** la réponse de I à T.

T : Salut, bien dormi ?

I ....

Vérifie que tu as mis les deux-points et un point à la fin de la phrase.

3 **Complète** la phrase.

La lettre H a mal dormi parce que la lettre B ....

....

Écris la réponse de H à T.

T : Salut, bien dormi ?

H ....

Vérifie que tu as mis les deux-points et que tu as mis un point à la fin.

Fiche 92+

La comédie de l'alphabet (3)

1 **Relie** chaque question à sa réponse.

Quelle lettre est comme un P à deux bosses ? •	• le E
Qui est comme deux V ? •	• le W
Quelles lettres se disputent ? •	• le V
Quelle lettre appelle W double vantard ? •	• le F
Quelle lettre est le frère de E ? •	• le B

2 **Entoure** la lettre qui prononce ces paroles.

le P - le B

En plus, on se prononce presque pareil.

3 **Recopie** la phrase qui indique ce que fait le W pour montrer qu'il est « super-V ».

....

....

4 **Complète** les paroles prononcées par les lettres.

P : Allez, demandez-vous pardon, ...

F : D'accord, ... ? Fini les .... ?

E : Tu resteras .... , finalement ?

F : Forcément ! Tu sais, frérot, ...

Quand j'ai faim, je deviens ....

Fiche 92++

La comédie de l'alphabet (3)

1 **Réponds** à chaque question en indiquant le nom de la bonne lettre.

Quelle lettre est comme un P à deux bosses ? Le ....

Qui est comme deux V ? Le ....

Quelles lettres se disputent ? Le ....

Quelle lettre appelle W double vantard ? Le ....

Quelle lettre est le frère de E ? Le ....

2 **Recopie** la phrase qui indique ce que fait le W pour montrer qu'il est « super-V ».

....

....

3 **Remplace** les mots en gras par les mots employés dans le texte.

• Le E et le F se prennent dans les bras en signe **d'accord après la dispute**.

Le E et le F se prennent dans les bras en signe de ....

• Fini **les disputes** ? Fini les .... ?

• Quand j'ai faim, je deviens **très méchant**.

Quand j'ai faim, je deviens ....

4 **Écris** qui prononce ces paroles et en s'adressant à qui.

- Allez, demandez-vous pardon, faites la paix.

La lettre .... parle aux lettres ....

Fiche 93+

Le son [z] comme

1 **Nomme** les dessins. **Entoure** le dessin quand tu entends [z].

2 **Nomme** les dessins.
Entoure le point qui correspond à l'endroit où tu entends [z].

● ● ● ● ● ● ● ● ● ● ● ● ● ● ● ● ● ● ● ● ● ●

3 **Lis** ces mots. Puis **recopie**-les sur la bonne ligne.

rose - un magasin - zéro - une maison - douze - quatorze - quinze - seize

[z] s'écrit **s** :

....

[z] s'écrit **z** :

....

4 **Écris** les réponses aux devinettes.

Je suis le nombre après onze : ....

Je suis le nombre avant seize : ....

Fiche 93++

Le son [z] comme

1 **Écris** deux mots appris à partir de ces étiquettes.

ma | mai | sin | son | ga

un .... une ....

2 **Écris** les mots qui sont incomplets en t'aidant des mots qui leur ressemblent.

une maison, une mai♦onnette : ....

douze, une dou♦aine : ....

quinze, une quin♦aine : ....

un cerisier, une ceri♦e : ....

un fraisier, une frai♦e : ....

cuisiner, la cui♦ine : ....

un trapèze, un trapé♦iste : ....

arroser, un arro♦oir : ....

3 **Complète** la suite de nombres.

.... - un - .... - .... - quatre - cinq - ....

- .... - .... - .... - .... - onze - ....

- treize - .... - .... - ....

4 **Recopie** les trois mots qui s'écrivent avec une lettre finale qui ne se prononce pas.

zéro - un désert - le gaz - un zigzag - zut - un lézard - le riz

....

Fiche 94+

Le présent du verbe *avoir*

1 **Relie** chaque pronom au verbe qui convient

J' •	• ont froid.
Vous •	• a chaud.
Tu •	• ai des dents solides.
Nous •	• as de la chance.
Elles •	• avons un vélo.
Il •	• avez un pantalon neuf.

2 **Complète** puis **recopie** les phrases.

ont – as – a – avons

Tu .... un petit frère.

....

Nous .... mal à la tête.

....

Elle .... des potions magiques.

....

Ils .... plusieurs cousins.

....

3 **Complète** puis **recopie** les phrases.

Elles – J' – Vous

.... avez un chaton. ....

.... ai des cheveux blonds. ....

.... ont des yeux noirs. ....

Fiche 94++

Le présent du verbe *avoir*

1 **Complète** avec le pronom qui convient.

Je *ou* J' – Tu – Il *ou* Elle – Nous – Vous – Ils *ou* Elles

.... as mal au genou. .... ont faim.

.... avez des rollers. .... ai deux sœurs.

.... avons des lunettes. .... a de la colle sur la main.

Souligne chaque verbe. **Indique** son infinitif : ....

2 **Récris** chaque phrase avec le pronom ou le groupe de mots proposé.

Tu as un gâteau pour le gouter.

J'.. .

Nous avons des ciseaux à bouts ronds.

Le garçon ....

L'éléphant a une longue trompe.

Les éléphants ....

3 **Complète** avec le verbe *avoir* au présent.

Le papillon .... une trompe pour aspirer le nectar.

Les lettres .... du mal à se ranger.

Tu .... des yeux bleus.

Nous .... un maillot vert.

J'............... une tache sur mon pantalon.

Vous .... un gros chien.

Des groupes nominaux (5)

1 **Lis** ces mots.

des cavaliers – le chameau – un chapeau
une lettre – le marchand – les gâteaux
la reine – un coq – les chanteurs
des chaussures – une baleine – des dauphins

Recopie ces mots selon ce qu'ils désignent.

une personne : ……………………………………………
……………………………………………
un animal : ……………………………………………
……………………………………………
une chose : ……………………………………………
……………………………………………

2 **Relie** chaque déterminant au mot qui convient.
Chaque déterminant est relié à deux mots.

la •	• fleur
une •	• jardin
le •	• ciel
un •	• maison

3 **Recopie** chaque mot en remplaçant le déterminant par *le*, *la* ou *l'*.

un hiver : …………	un oiseau : …………
une lettre : …………	un élève : …………
une heure : …………	un frère : …………

Des groupes nominaux (5)

1 **Lis** ce texte.

Zoé a **un jeu** avec **les lettres** de **l'alphabet**.
Avec les lettres, elle écrit : **un homme**, **des ours**, **un feutre**, **les plumes**, **une image**, **la fourmi**, **un clown**, **une tartine**, **le cahier**.

Recopie les mots en gras selon ce qu'ils désignent.

une personne : ……………………………………………
un animal : ……………………………………………
une chose : ……………………………………………
……………………………………………

2 **Relie** chaque déterminant au mot qui convient.
Un déterminant peut être relié à plusieurs mots.

la •	• arbre
une •	• jardin
le •	• avion
l' •	• tête
un •	• histoire

3 **Complète** chaque groupe de mots.

Avec un mot qui désigne un animal : un ……………
Avec un mot qui désigne une personne : un ……………
Avec un mot qui désigne une chose : un ……………

La comédie de l'alphabet (4)

1 **Relie** chaque question à sa réponse.

Qui pleure ? •	• le Z
Qui vérifie que chaque lettre est à sa place ? •	• le S
Qui appelle le C et le T ? •	• le C
Qui parle au S ? •	• le W

2 **Entoure** la lettre qui prononce ces paroles.

le C – le S

Le C et le T, j'ai deux mots à vous dire.

3 **Recopie** la phrase qui indique que les lettres ne sont pas très contentes de se ranger.

....

....

4 **Complète** les paroles prononcées par la lettre C.

C : A, B, moi-même, D, E, F – .... ! –

G, H, I, J, K, L, M, N, O, P, Q, R, S, T, U, V, W – ....

.... – X, Y, Z : parfait,

tout le monde est là !

La comédie de l'alphabet (4)

1 **Réponds** à chaque question en indiquant le nom de la bonne lettre.

Qui pleure ? Le ....

Qui vérifie que chaque lettre est à sa place ? Le ....

Qui appelle le C et le T ? Le ....

Qui parle au S ? Le ....

2 **Recopie** la phrase qui indique que les lettres ne sont pas très contentes de se ranger.

....

....

3 **Remplace** les mots en gras par les mots employés dans le texte.

• Tout le monde à sa place pour le contrôle **du nombre de lettres de l'alphabet** !

Tout le monde à sa place pour le contrôle .... !

• Je ne comprends pas pourquoi vous voulez **me remplacer**.

Je ne comprends pas pourquoi vous voulez ....

....

• Et surtout toi, le C, qui va jusqu'à mettre une cédille pour **être comme moi**.

Et surtout toi, le C, qui va jusqu'à mettre une cédille pour

....

• Tu crois que je ne te vois pas te **mettre** entre deux voyelles ?

Tu crois que je ne te vois pas te .... entre deux voyelles ?

Fiche 97+

Des mots qui ont plusieurs sens

1 **Lis** ces mots et **recopie**-les dans l'ordre alphabétique.

cube - courir - carte

....

2 **Complète** chaque phrase avec le bon mot.

lettres - glace - feuilles

Éva a un prénom qui contient trois ....

L'arbre a perdu ses ....

Il a gelé, il y a de la .... dans la cour.

J'ai écrit plusieurs .... à Mamie.

Il n'y a plus de .... dans l'imprimante.

Nous aimons la .... à la vanille.

3 **Écris** le mot qui correspond aux images.

un ....

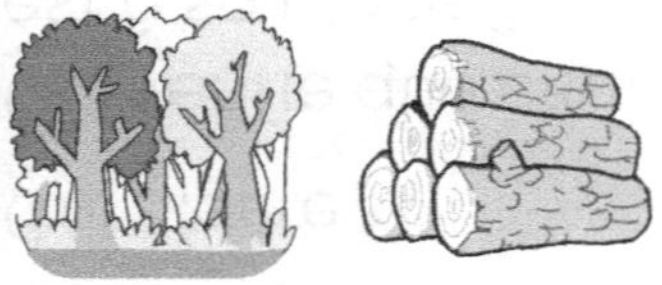

un (du) ....

un ....

Fiche 97++

Des mots qui ont plusieurs sens

1 **Lis** ces mots et **recopie**-les dans l'ordre alphabétique.

circuit - crier - courir - cage - cube

....

2 **Écris** le mot qui correspond aux images.

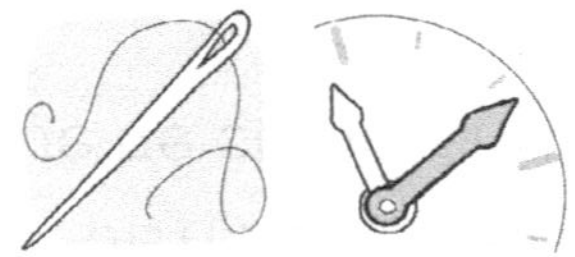

une ....

une ....

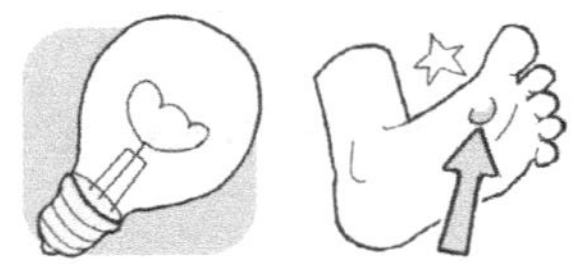

une ....

3 **Complète** chaque paire de phrases avec le même mot.

- Les .... de la fourchette sont pointues.

Il a mal aux ....

- Ton frère travaille bien, il a des bonnes ....

Je connais les .... de musique : do, ré, mi, fa...

4 **Écris** une phrase en utilisant un autre sens de chaque mot en gras.

Je mange une **glace** à la fraise.

....

Regarde où se trouve Paris sur la **carte** de France.

....

Fiche 98+

Écrire des répliques et des conseils de mise en scène

1 **Entoure** en vert les indications pour les acteurs.

C : Allez, allez, les lettres, on se range !

(Quelques lettres commencent lentement à se ranger.)

R (fatigué) : Doucement, chef.

2 **Recopie** la phrase en ajoutant à sa place l'indication pour les acteurs. **Pense** aux parenthèses.

En direction du T et du C.
S : Pssit... ! Le C et le T, j'ai deux mots à vous dire.

....

....

Vérifie que tu as mis les parenthèses.

3 **a.** La lettre F a faim, elle touche son ventre. **Ajoute** l'indication pour l'acteur entre parenthèses.

T : Salut, bien dormi ?

F .... : Moi, j'ai faim, faim, faim !

b. La lettre L a froid, elle claque des dents. **Ajoute** l'indication pour l'acteur.

T : Salut, bien dormi ?

L .... : Moi, j'ai froid, froid, froid !

Vérifie que tu as mis les parenthèses.

Fiche 98++

Écrire des répliques et des conseils de mise en scène

1 **Recopie** les phrases en ajoutant à leur place les indications pour les acteurs : *vexé – désignant le E.* **Pense** aux parenthèses.

F : Je ne veux pas rester à côté de lui. On se ressemble trop.

E : Eh bien, pars, si c'est comme cela.

....

....

....

Vérifie que tu as mis les parenthèses et les indications pour les acteurs à la bonne place.

2 **a.** La lettre F a faim, elle touche son ventre. **Ajoute** l'indication pour l'acteur entre parenthèses.

T : Salut, bien dormi ?

F .... : Moi, j'ai faim, faim, faim !

b. La lettre L a froid, elle claque des dents. La lettre J a chaud, elle retire son pull. **Ajoute** les indications pour les acteurs.

T : Salut, bien dormi ?

L .... : Moi, j'ai froid, froid, froid !

J .... : Moi, j'ai chaud, chaud, chaud !

Vérifie que tu as mis les parenthèses.

Fiches à photocopier

1 à 112

Fichier-élève 2

Fiche 1+

Le plus grand détective du monde (1)

1 **Relie** chaque question à sa réponse.

Qu'est-ce que Gilou Serin a déjà retrouvé ? •	• des rollers
Qui est la nouvelle cliente de Gilou ? •	• Gilou
Qu'est-ce qui était sur la table du salon ? •	• Maman
Qui a laissé trainer les rollers ? •	• une boucle d'oreille
Qui a rangé les rollers ? •	• un vase

2 **Écris** *Vrai* ou *Faux*.

Gilou Serin est un petit garçon. ....

Gilou Serin est un vrai détective. ....

Gilou Serin joue au détective. ....

La nouvelle cliente de Gilou est sa mère. ....

3 **Recopie** la phrase qui indique que c'est Maman qui avait fait disparaitre les rollers.

....

4 **Indique** qui est désigné par les pronoms en gras.

Gilou – Maman

Elle m'avoua également qu'elle en avait plus qu'assez de ramasser tout ce que **je** laissais trainer.

Elle : .... Je : ....

Fiche 1++

Le plus grand détective du monde (1)

1 **Complète** les réponses aux questions.

- Qu'est-ce que Gilou Serin a déjà retrouvé ?

Gilou a déjà retrouvé .... et ....

- Qui est la nouvelle cliente de Gilou ?

La nouvelle cliente de Gilou ....

- Qu'est-ce qui était sur la table du salon ?

Sur la table du salon, il y avait ....

- Qui a laissé trainer les rollers ?

C'est .... qui ....

- Qui a rangé les rollers ?

C'est ....

2 **Écris** *Vrai* ou *Faux*.

Gilou Serin est un petit garçon. ....

Gilou Serin est un vrai détective. ....

Gilou Serin joue au détective. ....

3 **Recopie** la phrase qui indique que c'est Maman qui avait fait disparaitre les rollers.

....

4 **Remplace** les mots en gras par les mots employés dans le texte.

- Rollers **perdus**, boucle d'oreille perdue.

Rollers ...., boucle d'oreille perdue.

- J'ai **trouvé la solution** à deux affaires.

J'ai .... deux affaires.

Le son [wa] comme  et le son [ɥi] comme 

1 **Nomme** les dessins. **Entoure** le dessin en bleu quand tu entends [wa], en vert quand tu entends [ɥi].

2 **Nomme** les dessins.
Entoure le point qui correspond à l'endroit où tu entends [ɥi] ou [wa].

8  3  

•• | •• | ••• | •••• | •••••••

3 **Lis** les mots. Puis **recopie**-les sur la bonne ligne.

une voiture – froid – un bruit – un bois – la nuit – aujourd'hui – le soir – un fruit

les mots contenant **oi** : ....

....

les mots contenant **ui** : ....

....

4 **Écris** les réponses aux devinettes.

Je suis un point brillant que l'on voit la nuit dans le ciel :
une ....

Je suis l'eau qui tombe en gouttes des nuages :
la ....

Le son [wa] comme  et le son [ɥi] comme 

1 **Écris** deux mots appris à partir de ces étiquettes.

au | d'hui | voi | jour | ture

.... une ....

2 **Écris** les mots qui sont incomplets en ajoutant *oi* ou *ui*.

La c◆sse est une partie du corps. ....

On ne voit rien, il fait tout n◆r. ....

Le grain de riz était dans un tir◆r. ....

On mange la soupe avec une c◆llère. ....

Le soleil se couche le s◆r. ....

3 **Relie** les parties de mots pour former cinq mots. Puis **écris** ces mots.

fr •			un ....
nage •		• uit	une ....
br •			un ....
hist •		• oire	une ....
arm •			une ....

4 **Recopie** les sept mots qui s'écrivent avec une lettre finale qui ne se prononce pas. Un des mots a deux lettres finales qui ne se prononcent pas. **Entoure** ce mot.

le bois – soif – un toit – la nuit – froid – un fruit – le soir – la pluie – un tiroir – un doigt

....

....

Fiche 3+

Les relations entre les mots d'un texte (1)

1 **Récris** chaque phrase au présent avec le sujet proposé.
Attention ! Le verbe change.

Je suis à la maison. Nous ....

Je vais à la cave. Nous ....

Je retrouve les rollers. Nous ....

2 **Récris** chaque phrase au présent avec le sujet proposé.

Gilou a des rollers. Nous ....

Tu as des legos. J'.. .

Maman a une voiture. Mes parents ....

3 **Complète** avec le pronom qui convient. **Recopie** les phrases.

Vous – Tu – Elle

.... bavarde. ....

.... travailles. ....

.... parlez. ....

4 **Souligne** le verbe *avoir* dans chaque phrase.

Nous avons une loupe.

Le chat a une longue queue.

Tu as des cheveux courts.

Les détectives ont un chapeau.

Fiche 3++

Les relations entre les mots d'un texte (1)

1 **Récris** le texte en remplaçant *Je* par *Tu*.

J'ai des rollers.
J'aime en faire.
Je vais sur le trottoir avec Papa.
Je reste longtemps dehors.
Ensuite, je suis fatigué.

Tu ....

....

....

....

....

2 **Récris** le texte en remplaçant *Tu* par *Je*.

Tu es dans la maison avec Maman.

....

Tu vas à la cave. ....

Tu retrouves les rollers. ....

3 **Complète** chaque phrase avec le verbe *avoir* au présent.

Gilou .... des enquêtes à faire.

Vous .... des billes dans vos poches.

Les chats .... de petites oreilles pointues.

J'.............. des lunettes.

Le présent du verbe *être*

1 **Relie** chaque pronom au verbe qui convient.

Tu •	• suis au cirque.
Elles •	• es dans la cour.
Vous •	• est malade.
Je •	• sommes dans un château.
Il •	• sont devant l'ordinateur.
Nous •	• êtes gentilles.

2 **Complète** les phrases.

es - sont - êtes - est

Les poissons rouges .... dans le bassin.

Tu .... détective.

Le chapeau .... noir.

Vous .... à Paris.

3 **Complète** avec le pronom qui convient. **Recopie** les phrases.

Ils - Je - Nous

.... sommes au cinéma.

....

.... suis avec mon frère.

....

.... sont dans la savane.

....

Le présent du verbe *être*

1 **Complète** avec le pronom ou le groupe de mots qui convient.

Je - Tu - La mer - Nous - Vous - Les jonquilles

.... êtes sur un bateau.

.... est calme.

.... sommes au cinéma.

.... suis dans la rue.

.... sont des fleurs jaunes.

.... es dans ta chambre.

Souligne le verbe. **Indique** son infinitif.

....

2 **Récris** chaque phrase avec le pronom ou le groupe de mots proposé. **Souligne** le verbe *être*.

Tu es chez tes grands-parents. Je ....

....

Nous sommes têtus. Vous ....

Le singe est dans l'arbre. Les singes ....

3 **Complète** chaque phrase avec le verbe *être* au présent.

Le jeune chien .... mignon.

Les rollers .... dans la cave.

Nous .... près de la piscine.

Vous .... en maillot de bain.

Je .... à côté de mon copain.

Tu .... en avance.

Fiche 5+

Le plus grand détective du monde (2)

1 **Relie** chaque question à sa réponse.

Comment s'appelle la voisine de classe de Gilou ? •	• Émilie
Où Gilou a-t-il eu une illumination de génie ? •	• dans le couloir
Que portait Émilie autour du cou ? •	• pendant la récréation
Quand Gilou a-t-il refait le parcours de la matinée avec Émilie ? •	• une écharpe en tricot

2 **Numérote** dans l'ordre les endroits où Émilie est allée.

☐ Émilie est allée dans le couloir.

☐ Émilie est arrivée à la grille de l'école.

☐ Émilie est entrée dans la cour de récréation.

3 **Recopie** la phrase qui indique comment Émilie a récompensé Gilou.

....

....

4 **Indique** qui est désigné par les pronoms en gras.

Pendant la récré, **j'**ai refait avec **elle** tout son parcours de la matinée.

Gilou – Émilie

j' : .... elle : ....

Fiche 5++

Le plus grand détective du monde (2)

1 **Complète** les réponses aux questions.

- Comment s'appelle la voisine de classe de Gilou ?

Elle s'appelle ....

- Où Gilou a-t-il eu une illumination de génie ?

Gilou a eu une illumination de génie ....

- Que portait Émilie autour du cou ?

Elle portait ....

- Quand Gilou a-t-il refait le parcours de la matinée avec Émilie ?

Il a refait le parcours de la matinée avec Émilie ....

....

2 **Recopie** la phrase qui **indique** comment Émilie a récompensé Gilou.

....

....

3 **Remplace** les mots en gras par les mots employés dans le texte.

- Un vrai **évènement grave**.

Un vrai ....

- Je n'**avais** qu'un seul indice.

Je ne.......................... que d'un seul indice.

4 **Écris** qui est désigné par les pronoms en gras.

Pendant la récré, **j'**ai refait avec **elle** tout son parcours de la matinée.

j' : .... elle : ....

J'aurais préféré éviter. J' : ....

Fiche 6+

L'ordre alphabétique (4)

a b c d e f g h i j k l m n o p q r s t u v w x y z

1 **Entoure** la première lettre de chaque mot.
Range les mots dans l'ordre alphabétique.

homme - éléphant - visage

....

2 **Entoure** la deuxième lettre de chaque mot.
Range les mots dans l'ordre alphabétique.

étoile - école - été

....

3 **Écris** chaque mot à sa place dans l'ordre alphabétique.
Pour certains mots, tu dois regarder la deuxième lettre.

bout :	auto	gris	pas ....
fort :	faux	koala	nous ....
midi :	cri	lit	mars ....
soir :	dé	jour	sali ....

4 **Range** les mots dans l'ordre alphabétique.

zéro - mousse - jeune - noir

....

Récris ces mots en ajoutant le mot *jaune*.

....

Fiche 6++

L'ordre alphabétique (4)

a b c d e f g h i j k l m n o p q r s t u v w x y z

1 **Entoure** la première lettre de chaque mot.
Range les mots dans l'ordre alphabétique.

jupe - marcher - image - tirer - blé

....

Récris ces mots en ajoutant le mot *mal*.

....

2 **Entoure** la première lettre de chaque mot.
Range les mots dans l'ordre alphabétique.

nous - clou - pluie - ami - douche - wagon

....

Récris ces mots en ajoutant le mot *craie*.

....

3 **Range** les mots dans l'ordre alphabétique suivant la première lettre ou la deuxième pour ceux qui commencent par la même lettre.

écran - assez - poser - étoile - bas

....

salon - bon - pli - stade - cou

....

sourd - pour - table - cage - prête

....

Fiche 7+

Compléter une enquête

1 **Relis** l'affaire des rollers.
Complète le texte avec ces groupes de mots indiquant des lieux.

dans le placard - à la cave - dans l'entrée

Gilou laisse trainer ses rollers ....

Maman ne les range pas ...., elle les met ....

Gilou retrouve ses rollers ....

Vérifie que tu as bien placé les groupes de mots et que tu n'as pas fait d'erreurs en les recopiant.

2 **Complète** le texte avec ces groupes de mots indiquant des jours ou des moments de la journée.

En revenant de l'école - Dimanche - Lundi matin

................................., Gilou laisse trainer ses rollers.

................................., Maman fait le ménage.

................................., Gilou retrouve ses rollers à la cave.

Vérifie que tu as bien placé les groupes de mots et que tu n'as pas fait d'erreurs en les recopiant.

3 **Complète** le texte en écrivant une phrase qui indique *quand* et *où* Gilou retrouve ses rollers.

Dimanche, Gilou laisse trainer ses rollers. Lundi matin, Maman les ramasse quand elle fait le ménage. ....

....

Vérifie que tu as mis la majuscule, le point et que tu as écrit la phrase au présent.

Fiche 7++

Compléter une enquête

1 **Relis** l'affaire des rollers. **Complète** le texte avec ces groupes de mots indiquant des lieux, des jours ou des moments de la journée.

à la cave - dans l'entrée - en revenant de l'école
Dimanche - Lundi matin

................................., Gilou a fait du roller. Il a laissé trainer ses rollers ....

................................., Maman fait le ménage. Et ....

................................., Gilou ne retrouve plus ses rollers.

Il interroge Maman. Elle avoue qu'elle a mis les rollers ....

Vérifie que tu as mis les groupes de mots à la bonne place et que tu n'as pas fait d'erreurs en les recopiant.

2 Gilou laisse tout trainer. Avant de partir à l'école, il ne trouve pas son anorak. **Indique** :

- où il l'a laissé en revenant de l'école : ....
- qui l'a rangé : ....
- où il le retrouve : ....

Écris trois ou quatre phrases pour raconter cette affaire.

....

....

....

....

Vérifie que tu as mis les majuscules et les points.

Fiche 8+

Le plus grand détective du monde (3)

1 **Relie** le début de chaque phrase à la fin qui convient.

Maman demande à Gilou d'aller au rez-de-chaussée avec elle •	• pour observer le napperon.
Gilou prend le vieux chapeau de Papa et une loupe •	• pour ressembler à un détective.
Gilou se penche avec sa loupe au-dessus du napperon •	• pour résoudre un problème.

2 **Recopie** la phrase qui indique à quoi sert le napperon.

....

3 **Remplace** le mot en gras par le mot employé dans le texte.

Il y a des **taches** dessus.

Il y a des .... dessus.

4 **Indique** qui est désigné par le pronom en gras.

Gilou – Maman

Comme **vous** pouvez le constater, il y a, sur cette petite table, un napperon brodé.

vous : ....

5 **Écris** *Vrai* ou *Faux*.

Maman aimait bien son vase car c'était un cadeau. ....

Le napperon a été mouillé. ....

Gilou ne se sert pas de sa loupe. ....

Fiche 8++

Le plus grand détective du monde (3)

1 **Relie** le début de chaque phrase à la fin qui convient.

Maman demande à Gilou d'aller au rez-de-chaussée avec elle •	• pour observer le napperon.
Gilou prend le vieux chapeau de Papa et une loupe •	• pour ressembler à un détective.
Gilou est content de suivre Maman •	• pour résoudre un problème.
Gilou se penche avec sa loupe au-dessus du napperon •	• car il a une nouvelle enquête à mener.

2 **Relie** les paroles à celui qui les prononce.

C'est exact. •	
En effet. •	• Gilou
Un objet de valeur sans doute ? •	• Mme Serin
Surtout sentimentale... •	

3 **Écris** qui est désigné par les pronoms en gras.

- **Elle lui** demande d'aller au rez-de-chaussée avec elle.
Elle : .... lui : ....
- Comme **vous** pouvez le constater... vous : ....
- **J'**ai pour habitude de poser là un vase avec des fleurs coupées.
J' : ....

4 **Remplace** les mots en gras par les mots employés dans le texte.

- Il y a des **taches** dessus. Il y a des .... dessus.
- Cette pièce à conviction a été mouillée plusieurs **fois**.
Cette pièce à conviction a été mouillée à plusieurs ....

Fiche 9+

Le son [ɑ̃] comme

1 **Nomme** les dessins. **Entoure** le dessin quand tu entends [ɑ̃].

2 **Nomme** les dessins.
Entoure le point qui correspond à l'endroit où tu entends [ɑ̃].

3 **Lis** les mots. Puis **recopie**-les sur la bonne ligne.

un enfant – trente – une dent – le temps – une chambre – une plante – dans – chanter

[ɑ̃] s'écrit **an** : ....

[ɑ̃] s'écrit **am** : ....

[ɑ̃] s'écrit **en** : ....

[ɑ̃] s'écrit **em** : ....

4 **Écris** les réponses aux devinettes.

Je suis le nombre après 99 : ....

Je suis un gros animal et j'ai une trompe : un ....

Fiche 9++

Le son [ɑ̃] comme

1 **Écris** deux mots appris à partir de ces étiquettes.

chan | cham | bre | ter

une ....

2 **Écris** *le*, *la* ou *l'* devant chaque mot puis **recopie** le groupe de mots.

.... enfant : ....

.... éléphant : ....

.... manteau : ....

.... enveloppe : ....

.... plante : ....

3 **Recopie** les mots de la phrase dans lesquels tu entends le son [ɑ̃].

Pendant l'été, les enfants sont en vacances.

....

4 **Écris** les deux mots invariables appris.

....

5 **Recopie** les cinq mots qui s'écrivent avec une lettre finale qui ne se prononce pas. Un des mots a deux lettres finales qui ne se prononcent pas. **Entoure** ce mot.

dans – une dent – un danseur – le temps – un enfant – un tambour – un éléphant

....

....

Fiche 10+

Les relations entre les mots d'un texte (2)

1 **Récris** chaque phrase au présent avec le sujet proposé.
Attention ! Le verbe change.

Tu es dans ta chambre. Vous ....

Tu vas dans le salon. Vous ....

Tu vas avec Maman. Nous ....

Tu écoutes Maman. Vous ....

2 **Récris** chaque phrase au présent avec le sujet proposé.

Tu es à côté de Maman. Vous ....

Je suis avec Caramel. Tu ....

Le chat est dans le salon. Mes parents ....

....

3 **Complète** avec le pronom qui convient. **Recopie** les phrases.

Nous – Je – Elles

.... découpent. ....

.... écoutons. ....

.... tombe. ....

4 **Souligne** le verbe *être* dans chaque phrase.

Nous sommes polis.

Les cahiers sont dans le sac.

Tu es encore un bébé.

Vous êtes sous la douche.

Fiche 10++

Les relations entre les mots d'un texte (2)

1 **Récris** le texte en remplaçant *Tu* par *Vous*.

Tu es dans la cour de l'école.
Tu as des billes.
Tu vas chercher des copains pour jouer.
Tu joues pendant toute la récréation.
Ensuite, tu vas dans la classe.

Vous ....

....

....

....

....

2 **Récris** le texte en remplaçant *Vous* par *Tu*.

Vous montez dans la voiture.

....

Vous allez au supermarché avec Papa.

....

Vous allez avec lui pour chercher un caddie.

....

3 **Complète** chaque phrase avec le verbe *être* au présent.

Je .... dans le parc.

Votre chemise .... propre.

Les oiseaux .... dans leur nid.

Vous .... des enfants sages.

Fiche 11+

Le déterminant et le nom

1 **Entoure** l'intrus et **recopie**-le.

a. une fée – un roi – Manon – une sorcière – un ogre

b. Julia – la princesse – Théo – Noah – Emma

....

2 **Recopie** chaque groupe nominal en le complétant avec un déterminant : *un* ou *une*.

♦ maison – ♦ plante – ♦ fruit

....

♦ chambre – ♦ bruit – ♦ oiseau

....

3 **Recopie** chaque groupe nominal en le complétant avec le déterminant *le* ou *la*.

♦ dent – ♦ château – ♦ fleur

....

♦ quartier – ♦ chocolat – ♦ photo

....

4 **Complète** chaque groupe nominal avec le nom qui convient.

craie – lunettes – nuit – train

Maman monte dans le ....

Pierre ne voit pas bien, il a des ....

On écrit au tableau avec une ....

Après le soir, c'est la ....

Fiche 11++

Le déterminant et le nom

1 **Relie** chaque déterminant au nom qui convient.
Recopie les groupes nominaux formés.

	• anniversaire
	• sœur
le •	• enfant
l' •	• auto
la •	• soir
	• bois
	• main

....

....

....

2 **Recopie** les noms propres.

le roi Albert – Julien – un bébé – une femme – le Soleil – la fée Mélusine – la Terre – le ciel – l'anniversaire

....

....

3 **Recopie** les phrases en les complétant avec le groupe nominal qui convient.

le repas – un bol – le lait – les dents

Maxime verse .... dans ....

Léa se lave .... après ....

Le plus grand détective du monde (4)

1 **Relie** chaque question à sa réponse.

Que repère Gilou sur la terre des platebandes ? •	• par la fenêtre ouverte
Comment le voleur est-il entré dans la maison ? •	• des empreintes de pied
Pourquoi Gilou pense-t-il que le voleur est unijambiste ? •	• Non, elle ne croit pas Gilou.
Est-ce que Maman croit ce que pense Gilou ? •	• parce qu'il n'y a que des empreintes de chaussure gauche

2 **Numérote** les actions dans l'ordre.

- ☐ Maman montre à Gilou qu'un vase a disparu.
- ☐ Gilou repère des empreintes de pied dans les platebandes.
- ☐ Maman vient chercher Gilou pour résoudre un problème.
- ☐ Gilou remarque qu'une fenêtre est ouverte et qu'un voleur a pu passer par là.
- ☐ Gilou descend avec Maman et Caramel au rez-de-chaussée.

3 **Recopie** la phrase dans laquelle Gilou invite sa maman à aller à l'extérieur de la maison.

....

4 **Écris** qui est désigné par le pronom en gras.

Gilou – Maman

Vous avez raison, chère madame.

Vous : ....

Le plus grand détective du monde (4)

1 **Complète** la réponse à chaque question.

- Que repère Gilou sur la terre des platebandes ?

Sur les platebandes, Gilou ....

- Comment le voleur est-il entré dans la maison ?

Le voleur est entré par ....

- Pourquoi Gilou pense-t-il que le voleur est unijambiste ?

Gilou pense que le voleur est unijambiste car il n'y a que des ....

- Est-ce que Maman croit ce que pense Gilou ?

.................., Maman ....

2 **Recopie** la phrase dans laquelle Gilou pense que Maman est difficile à satisfaire.

....

3 **Remplace** le mot ou groupe de mots en gras par le mot ou groupe de mots employé dans le texte.

- Il **regarde** dehors. Il .... dehors.
- Votre voleur **est entré** par la fenêtre.

Votre voleur .... par la fenêtre.

4 **Indique** qui est désigné par les pronoms en gras.

Vous avez raison, chère madame. Vous : ....

Vous allez me trouver un brin tatillonne mais... Vous : ....

Fiche 13+

Les mots d'une histoire policière

a b c d e f g h i j k l m n o p q r s t u v w x y z

1 **Lis** ces mots et **recopie**-les dans l'ordre alphabétique.

trois - courir - carte - deux

....

2 **Complète** le texte avec les bons mots.

suspect - détective - empreintes - coupable - enquête

Gilou est un bon .... Il a mené une ....
pour retrouver la boucle d'oreille d'Émilie.
Maintenant, Gilou recherche un vase qui a disparu. Il a remarqué des .... de pas sous la fenêtre.
Il pense que c'est un voleur qui est le .... Mais il ne sait pas qui est ce voleur. Il n'a pas de ....

3 **Relie** les mots à leur sens dans « Le plus grand détective du monde ».

	• le vol du vase
un indice •	• Une information qui aide Gilou : en arrivant à l'école, Émilie avait ses deux boucles d'oreille.
un méfait •	
des affaires •	• Le napperon tâché qui montre que le vase a été posé dessus.
une pièce à conviction •	• des problèmes à résoudre

Fiche 13++

Les mots d'une histoire policière

a b c d e f g h i j k l m n o p q r s t u v w x y z

1 **Lis** ces mots et **recopie**-les dans l'ordre alphabétique.

trois - deux - courir - arbre - carte - tricher - merci

....

2 **Complète** chaque texte avec les mots en gras.

empreintes - coupable - enquête - méfait

Caramel revient du jardin. Il a les pattes mouillées. Il grimpe sur la table et vole une tranche de jambon. Il s'enfuit avec dans le jardin. Quand Gilou arrive, il mène une .... Il voit les .... du chat sur la table. Il comprend tout de suite que Caramel est le .... Quand Maman arrive, il lui raconte le .... de Caramel.

enquête - suspect - coupable - indice

Dans l'armoire, des chocolats ont disparu. Papa sait que Gilou adore les chocolats. Gilou est un .... Papa mène son .... À côté de la boite, Papa trouve un .... : une petite voiture de Gilou. Gilou l'a posée pour prendre un chocolat et il l'a oubliée ! Gilou est bien le ....

3 **Écris** une phrase avec le mot *affaire* pour montrer que tu as bien compris son sens dans « Le plus grand détective du monde ».

....

....

Fiche 14+

Raconter une enquête (1)

1 **Relis** le texte page 14 du fichier-élève. **Observe** l'image et **complète** les phrases pour répondre aux questions.

Où est Gilou ?

Gilou ....

....

Avec qui Gilou est-il sur le lit ?

Gilou ....

....

Qui entre dans la chambre ?

.... entre ....

Vérifie que tu as mis les points.

2 **Observe** l'image et **complète** le texte.

....,

....

et .... vont

au rez-de-chaussée.

Gilou a mis ....

et il a pris ....

Vérifie que tu as mis les points.

Fiche 14++

Raconter une enquête (1)

1 **Observe** l'image et **écris** trois phrases pour parler de Gilou, de Caramel et de Maman. **Emploie** le verbe *entrer* et le verbe *être* au présent.

....

....

....

Vérifie que tu as écrit trois phrases et que tu as mis les majuscules et les points.

2 **Observe** l'image et **écris** trois phrases pour indiquer où sont Gilou et Caramel, où Maman emmène Gilou et ce que Gilou a dans la main et sur la tête. **Emploie** les verbes *emmener* et *avoir* au présent.

....

....

....

....

Vérifie que tu as écrit trois phrases et que tu as mis les majuscules et les points.

Le plus grand détective du monde (5)

1 **Numérote** les actions dans l'ordre de l'histoire.

☐ Maman emmène Gilou dans le garage.
☐ Maman emmène Gilou dans le salon.
☐ Maman emmène Gilou dans le hall d'entrée.

2 **Relie** chaque question à sa réponse.

Que montre Maman à Gilou dans le hall d'entrée ? •	• les débris du vase
Que montre Maman à Gilou dans le salon ? •	• les bottes de Monsieur Serin
Que montre Maman à Gilou dans la grande poubelle du garage ? •	• un peu d'eau et un morceau d'essuie-tout

3 **Recopie** la phrase qui indique ce que Maman sort de la poubelle du garage.

....

....

4 **Remplace** les mots en gras par les mots employés dans le texte.

- Le voleur **malin** a voulu faire croire qu'il était unijambiste.
Le voleur .... a voulu faire croire qu'il était unijambiste.
- Le **voleur** a renversé de l'eau en prenant le vase.
Le .... a renversé de l'eau en prenant le vase.

Le plus grand détective du monde (5)

1 **Complète** les réponses aux questions.

- Que montre Maman à Gilou dans le hall d'entrée ?
Dans le hall d'entrée, Maman ....

....
- Que montre Maman à Gilou dans le salon ?
Dans le salon, Maman ....

....
- Que montre Maman à Gilou dans la grande poubelle du garage ?
Dans la grande poubelle du garage, Maman ....

....

2 **Remplace** les mots en gras par les mots employés dans le texte.

- Le voleur **malin** a voulu faire croire qu'il était unijambiste.
Le voleur .... a voulu faire croire qu'il était unijambiste.
- Le **voleur** a renversé de l'eau en prenant le vase.
Le .... a renversé de l'eau en prenant le vase.
- Il a voulu effacer les traces de sa **mauvaise action**.
Il a voulu effacer les traces de son ....

3 **Relie** chaque pronom en gras à ce qu'il désigne.

Caramel **les** suit. •	• Gilou
Elle ouvre le couvercle. •	• Gilou et Maman
Je **le** reconnaitrais entre tous ! •	• le vase
On ne peut rien **vous** cacher. •	• Maman

1 **Nomme** les dessins.
Entoure le dessin quand tu entends [ɛ̃].

   20 14

2 **Nomme** les dessins.
Entoure le point qui correspond à l'endroit où tu entends [ɛ̃].

 ● ● ●

 ● ● ● ●

 ● ● ● ●

 ● ●

5 ● ● ●

3 **Lis** les mots. Puis **recopie**-les sur la bonne ligne.

le pain - la main - cinq - soudain - le matin - le train - la faim - plein

[ɛ̃] s'écrit **in** : ……………………

[ɛ̃] s'écrit **ain** : ……………………

[ɛ̃] s'écrit **aim** : ……………………

[ɛ̃] s'écrit **ein** : ……………………

4 **Écris** les réponses aux devinettes.

Je suis l'endroit où on cultive des légumes : le ……………

Je suis le nombre après 14 : ……………

1 **Écris** deux mots appris à partir de ces étiquettes.

ma | dain | tin | sou

le …………… ……………

2 **Écris** les mots qui sont incomplets en ajoutant *in*, *ein* ou *ain*.

Le boulanger vend du p♦. ……………

Léo prend le tr♦ pour la première fois. ……………

Tibi entre dans le magas♦ de monsieur Boutik. ……………

Le seau est pl♦ de poissons. ……………

Ton petit frère a c♦q ans. ……………

Aria choisit une p♦ture jaune pour sa chambre. ……………

Dem♦, nous irons à la bibliothèque. ……………

J'ai perdu le gant de la m♦ gauche. ……………

3 **Relie** les parties de mots pour former quatre mots.
Puis **écris** ces mots avec un déterminant.

che ● ● ssin ……………
pou ● ● din ……………
jar ● ● pain ……………
co ● ● min ……………

4 **Écris** les deux mots invariables appris.

……………

5 **Écris** le nom qui désigne le premier jour de la semaine.

……………

Le présent du verbe *aller*

1 **Relie** chaque pronom au verbe qui convient.

Nous •	• vais à la bibliothèque.
Elle •	• allons à la piscine.
Tu •	• vas au bord de la mer.
Ils •	• allez dans la chambre.
Je •	• va à l'école.
Vous •	• vont dans la cour.

2 **Complète** les phrases.

vais - vont - vas - va

Mattéo .... à la patinoire.

Je .... dans le bain.

Les chiens .... dans leur niche.

Tu .... chez ton ami.

3 **Complète** chaque phrase avec le pronom qui convient.
Recopie les phrases.

Elle - Vous - Nous

.... allez à la fête.

....

.... va chez le médecin.

....

.... allons au bord de la mare.

....

Le présent du verbe *aller*

1 **Complète** chaque phrase avec le pronom ou le groupe de mots qui convient.

Je - Tu - L'élève - Nous - Vous - Les élèves

.... allez chez le dentiste.

.... vais au restaurant.

.... vont à la cantine.

.... va au tableau.

.... vas en vélo à l'école.

.... allons dans la voiture.

Souligne le verbe. **Indique** son infinitif.

2 **Récris** chaque phrase avec le pronom ou les mots proposés.
Souligne le verbe *aller*.

Les crabes vont sous les rochers.

Le crabe ....

Vous allez à la cave. Tu ....

Je vais au stade. Nous ....

3 **Complète** chaque phrase avec le verbe *aller* au présent.

Le bébé kangourou .... dans la poche de sa mère.

Je .... en montagne.

Elles .... promener le chien.

Nous .... sur un bateau.

Tu .... à la salle d'informatique.

Je .... sur le toboggan.

Fiche 18+

Des phrases dans un texte (7)

1 **Lis** ce texte.

Gilou parle avec Maman :
- Un voleur entre dans la maison.
- Est-ce qu'il est passé par la fenêtre ?
- Oui, c'est certain. Regardez les traces de pas dans le jardin.
Il prend le vase mais Caramel passe entre ses jambes.
Il a très peur ! Et il lâche le vase.

Recopie la phrase impérative.

....

Recopie la phrase déclarative qui se termine par un point d'exclamation.

....

2 **Relie** *de qui on parle* et *ce qu'on en dit.*

Caramel •	• écoute Gilou.
Maman •	• lâche le vase.
Le voleur •	• passe entre les jambes du voleur.

Recopie une des phrases formées.

....

3 **Entoure** le sujet du verbe souligné dans chaque phrase.

Le voleur <u>entre</u> dans la maison.

Le beau vase <u>tombe</u> par terre.

Le chat Caramel <u>passe</u> entre les jambes du voleur.

Fiche 18++

Des phrases dans un texte (7)

1 **Lis** ce texte.

Gilou parle avec Maman :
- Un voleur entre dans la maison.
- Est-ce qu'il est passé par la fenêtre ?
- Oui, c'est certain. Regardez les traces de pas dans le jardin.
Il prend le vase mais Caramel passe entre ses jambes.
Il a très peur ! Et il lâche le vase. C'est tout simple !
- Je ne suis pas sure de vous croire.

Recopie la phrase impérative.

....

Recopie les deux phrases déclaratives qui se terminent par un point d'exclamation.

....

2 **Recopie** la phrase en mettant les trois groupes de mots dans l'ordre. **Commence** par *Un jour.*

entre dans la maison – un voleur – un jour

....

....

Entoure *de qui on parle* et *ce qu'on en dit.*

3 **Souligne** le verbe et **entoure** le sujet dans chaque phrase.

Le voleur entre dans la maison.

Le beau vase tombe par terre.

Le chat Caramel passe entre les jambes du voleur.

Fiche 19+

Le plus grand détective du monde (6)

1 **Relie** chaque question à sa réponse.

Qui a pris le vase ? •	• pour ne pas laisser d'indices
Sur quoi bute le voleur ? •	• sur le chat
Pourquoi le voleur nettoie-t-il le sol ? •	• *un voleur*
Où le voleur jette-t-il les morceaux du vase ? •	• dans la grande poubelle du garage

2 **Recopie** la phrase qui indique ce qui est arrivé au vase, selon Gilou.

....

....

3 **Remplace** le mot en gras par le mot employé dans le texte.

- Il **prend** le vase.

Il .... du vase.

4 **Écris** *Vrai* ou *Faux*.

Gilou pense que le voleur est entré dans la maison quand Maman était absente. ....

Gilou est sûr que le voleur est entré par la fenêtre. ....

Le chat a cassé le vase. ....

Gilou pense que l'affaire du vase est terminée. ....

Maman pense que l'affaire du vase est terminée. ....

Fiche 19++

Le plus grand détective du monde (6)

1 **Complète** les réponses aux questions.

- À quel moment le voleur a-t-il pu entrer chez Mme Serin ?

Le voleur a pu entrer quand ....

- Sur quoi bute le voleur ? Le voleur ....
- Pourquoi le voleur nettoie-t-il le sol ?

Le voleur nettoie le sol pour ....

....

- Où le voleur jette-t-il les morceaux du vase ?

Le voleur jette les morceaux du vase ....

....

2 **Remplace** les mots en gras par les mots employés dans le texte.

- Le voleur en profite pour **entrer** chez vous.

Le voleur en profite pour .... chez vous.

- Il **prend** le vase. Il .... du vase.
- Il **tape** contre le chat. Il .... contre le chat.

3 **Relie** chaque pronom en gras à ce qu'il désigne.

Nous avons établi avec certitude... •	• Gilou
Sur lequel **il** bute, malencontreusement. •	• Gilou et Maman
Je note au passage... •	• le voleur

4 **Entoure** ce qui est vrai.

Gilou pense que l'affaire du vase est terminée.

Maman pense que l'affaire du vase est terminée.

Fiche 20+

Les mots de la même famille

a b c d e f g h i j k l m n o p q r s t u v w x y z

1 **Lis** ces mots et **recopie**-les dans l'ordre alphabétique.

voir – pomme – porte – reine

....

2 **Relie** les mots qui sont de la même famille.

dent •	• lentement
deux •	• dentifrice
fleur •	• deuxième
lent •	• fleuriste

3 **Recopie** les mots selon leur famille.

chanter – matinal – un jardinier – un voleur – jardiner – la matinée – un chanteur – voler

jardin : ....

matin : ....

vol : ....

chant : ....

4 **Complète** avec un mot de la famille du mot en gras.

Je me lave les **dents** avec du ....

Elle vend des **fleurs**, c'est une ....

Fiche 20++

Les mots de la même famille

a b c d e f g h i j k l m n o p q r s t u v w x y z

1 **Lis** ces mots et **recopie**-les dans l'ordre alphabétique.

cinq – otarie – voir – pomme – porte – reine – cerise

....

2 **Relie** les mots qui sont de la même famille.

deviner •	• la hauteur
plonger •	• un tiroir
tirer •	• une allumette
allumer •	• une devinette
haut •	• un plongeoir

3 **Écris** le mot que tu retrouves dans les mots de chaque famille.

une fleur – le fleuriste : ....

grandir – la grandeur : ....

la longueur – allonger : ....

apporter – emporter : ....

tristesse – tristement : ....

un ânon – une ânerie : ....

4 **Complète** chaque phrase avec un mot de la famille du mot en gras.

Le petit du **chat** est le ....

Dessiner, c'est faire un ....

La **sauterelle** sait bien ....

Fiche 21+

Raconter une enquête (2)

1 **Relis** le texte des pages 24 et 30.
Complète le texte avec les groupes de mots indiquant des lieux.

Au garage – Dans le salon – Dans le hall d'entrée

...., Maman fait remarquer à Gilou les bottes de M. Serin.

...., Maman montre à Gilou l'eau sur le parquet et un morceau d'essuie-tout coincé sous la table.

................................, Maman fouille dans la grande poubelle et trouve les débris du vase.

Vérifie que tu as mis les groupes de mots à la bonne place.

2 **Complète** le texte avec ce que Gilou pense.

le voleur a renversé de l'eau et l'a essuyée – le voleur est unijambiste

En voyant une seule botte sale, Gilou pense que ....
....

En voyant l'eau sur le parquet et un morceau d'essuie-tout coincé sous la table, Gilou pense que ....
....

Vérifie que tu as mis les groupes de mots à la bonne place.

3 **Complète** la phrase pour dire ce que Gilou pense en voyant les débris du vase dans la grande poubelle du garage.

En voyant les débris du vase, Gilou pense que ....
....

Vérifie que tu as mis le point à la fin de la phrase.

Fiche 21++

Raconter une enquête (2)

1 **Lis** ces idées pour écrire une nouvelle enquête de Gilou.

M. Serin ne retrouve plus ses clés de voiture. Elles ne sont pas sur la commode dans le hall d'entrée. Le porteclé a deux pompons de laine, un vert et un jaune.

Lieux où va Gilou : le hall d'entrée – le salon – la cuisine.

Ce que Gilou voit dans chaque lieu par terre :

un brin de laine vert – un pompon jaune – les clés de voiture à côté de l'assiette de Caramel.

Imagine ce que Gilou pense à chaque découverte.

2 **Complète** le texte.

Dans ...., Gilou trouve ....
....

Il pense que ....
....

Dans ...., Gilou trouve ....
....

Il pense que ....
....

Dans ...., Gilou trouve ....
....

Il pense que ....
....

Vérifie que tu as mis les majuscules et les points.

Fiche 22+

Le plus grand détective du monde (7)

1 **Relie** chaque question à sa réponse.

Où Maman emmène-t-elle Gilou ? •	• à Gilou
Qui est au salon dans un fauteuil ? •	• sous le buffet
Où se trouvait la balle ? •	• dans le salon
À qui est la balle, à ton avis ? •	• Caramel

2 **Recopie** la question que pose Maman à Gilou.

....

3 **Remplace** le mot en gras par le mot employé dans le texte.

- Il a **mangé** sa pâtée, ce goinfre.

Il a .... sa pâtée, ce goinfre.

4 **Écris** qui est désigné par les pronoms en gras.

Gilou – Maman

Elle a le bras long, plus que **moi**.

Elle : .... moi : ....

5 **Écris** *Vrai* ou *Faux*.

Gilou n'aime pas que Maman le prenne par le haut de sa chemise. ....

Gilou voit que Maman n'est pas contente. ....

Gilou a besoin de sa loupe pour regarder l'objet trouvé sous l'armoire. ....

Gilou reconnait tout de suite sa balle de tennis. ....

Fiche 22++

Le plus grand détective du monde (7)

1 **Complète** les réponses aux questions.

- Où Maman emmène-t-elle Gilou ?

Maman emmène ....

- Qui est au salon dans un fauteuil ?

C'est .... qui ....

- Où se trouvait la balle ?

La balle était ....

- À qui est la balle ?

La balle ....

2 **Remplace** les mots en gras par les mots employés dans le texte.

- Il a **mangé** sa pâtée, ce goinfre.

Il a .... sa pâtée, ce goinfre.

- Caramel est **revenu** dans son fauteuil.

Caramel est .... dans son fauteuil.

- Comme c'est **bizarre** !

Comme c'est .... !

3 **Relie** chaque pronom en gras à ce qu'il désigne.

Je **lui** ferais bien remarquer... •	• la balle
Quand **nous** entrons dans le salon. •	• le chat
Il a englouti sa pâtée... •	• Gilou
Elle a le bras long, plus que **moi**. •	• Gilou et Maman
Je me demande comment **elle** est arrivée là. •	• Maman

Le son [ɔ̃] comme

1 **Nomme** les dessins. **Entoure** le dessin quand tu entends [ɔ̃].

2 **Nomme** les dessins.
Entoure le point qui correspond à l'endroit où tu entends [ɔ̃].

3 **Lis** les mots. Puis **recopie**-les sur la bonne ligne.

onze - un ballon - un poisson - l'ombre - content - blond - long - rond - une compote

[ɔ̃] s'écrit **on** : ....

....

....

[ɔ̃] s'écrit **om** : ....

....

4 **Écris** les réponses aux devinettes.

Je suis le bâtiment où on habite : la ....

Je suis la couleur des feuilles en automne : ....

Le son [ɔ̃] comme

1 **Écris** deux mots appris à partir de ces étiquettes. **Ajoute**-leur un déterminant.

poi | llon | sson | ba

....

2 **Écris** les *mots qui sont incomplets* en ajoutant *on* ou *om*.

une ♦bre : ....

une f♦taine : ....

une m♦tre : ....

la c♦pote : ....

♦ze : ....

un n♦bre : ....

c♦tent : ....

3 **Conjugue** chaque verbe au présent avec le pronom *nous*.

dessiner : ....

attraper : ....

découper : ....

demander : ....

donner : ....

4 **Écris** le mot invariable appris : ....

5 **Recopie** les six mots qui s'écrivent avec une lettre finale qui ne se prononce pas.

content - un jongleur - blond - long - rond - un tronc - un pont - tordu

....

Les relations entre les mots d'un texte (3)

1 **Récris** les phrases en remplaçant *Gilou* par *Gilou et Fabio.*

Gilou est dans le salon. Il est à côté de Caramel.

Gilou et Fabio ....

Ils ....

Écris l'infinitif du verbe : ....

2 **Récris** les phrases en remplaçant *Gilou* par *Gilou et Fabio.*

Gilou va près du buffet. Puis il va à côté de Maman.

Gilou et Fabio ....

Puis, ils ....

Écris l'infinitif du verbe : ....

3 **Récris** les phrases en remplaçant *Gilou* par *Gilou et Fabio.*

Gilou a une balle de tennis. Il a un peu peur de ce que Maman va dire.

Gilou et Fabio ....

Ils ....

Écris l'infinitif du verbe : ....

Les relations entre les mots d'un texte (3)

1 **Récris** le texte en remplaçant *Gilou* par *Gilou et Fabio*.
Les verbes soulignés changent.

Gilou est au salon.

Il va près du buffet.

Il regarde la balle trouvée par Maman.

Il a un peu peur de ce qu'elle va dire.

Gilou et Fabio ....

....

....

....

....

2 **Relie** chaque verbe à son infinitif.

Les enfants vont au judo. Je vais à la danse. •	
Les enfants sont à leur place. Nous sommes devant le tableau. •	• être
Les enfants ont des bottes. Tu as un parapluie. •	• avoir
Vous cherchez la réponse. Elle cherche la balle. •	• chercher
J'observe une photo. Ils observent une affiche. •	• aller
	• observer

Des groupes nominaux (6)

1 **Recopie** les groupes nominaux en gras. **Souligne** les noms, **entoure** les déterminants.

Dans **cette classe**, **une fillette** regarde **le tableau**.

Dans **la cour**, **les élèves** jouent avec **des billes**.

À **la maison**, **le chat** dort sur **son fauteuil**.

....

....

....

2 **Complète** les groupes nominaux avec les noms proposés.

girafe - tigre - banane - léopard - pomme - citron - orange - singe - lionne

Dans la corbeille de fruits, il y a une ....,

une ...., un .... et une ....

Au zoo, j'ai vu un ...., une ....,

un ...., un .... et une ....

3 **Complète** chaque phrase avec un nom ou un déterminant.

noms : sœur - ballon - livre - poisson - garçon

déterminants : le - la

Dans .... bocal, il y a un ....

Je lance le .... à ma ....

Le .... choisit un .... à lire.

Des groupes nominaux (6)

1 **Lis** ces groupes nominaux.
Recopie les noms sur la bonne ligne.

la fenêtre - ton ballon - cette reine - ta langue - ce crabe - cette lettre - la bulle - ta voiture - le poisson - ce garçon - le ciel - un verre

noms avec les déterminants : *ta, la, une, cette*

....

....

noms avec les déterminants : *ce, le, un, ton*

....

....

2 **Complète** chaque groupe nominal avec un nom.

Dans la corbeille de fruits, il y a une ....,

une ...., un .... et une ....

Au zoo, j'ai vu un ...., une ....,

un ...., un .... et une ....

3 **Trouve** l'intrus. Dans chaque liste se cache un pronom avec un verbe. **Barre**-le.

a. un papillon - je mange - le chapeau - mon chien

b. elle saute - une cerise - la bouteille - des enfants

c. des ciseaux - les pompiers - la voiture - vous chantez

Fiche 26+

Le plus grand détective du monde (8)

1 **Complète** les phrases.

Gilou pense que c'est .... qui a mis la balle sous le buffet.

Maman pense que c'est .... qui a mis la balle sous le buffet.

2 **Recopie** la question que pose Gilou à Maman.

....

....

3 **Remplace** les mots en gras par les mots employés dans le texte.

Est-ce que je peux appeler **quelqu'un pour me défendre** ?

Est-ce que je peux appeler mon .... ?

4 **Écris** qui est désigné par chaque pronom en gras.

Maman – Gilou

Je me dois de **vous** contredire.

Je : .... vous : ....

Il a joué à la balle dans le salon et cassé mon vase.

Il : ....

5 **Écris** *Vrai* ou *Faux*.

Caramel a fait rouler la balle sous le buffet. ....

Gilou a fait rouler la balle sous le buffet. ....

Caramel a cassé le vase avec la balle. ....

Gilou a cassé le vase avec la balle. ....

Fiche 26++

Le plus grand détective du monde (8)

1 **Complète** les réponses aux questions.

- Qui a mis la balle sous le buffet, selon Gilou ?
Selon Gilou, c'est ....

- Qui a mis la balle sous le buffet, selon Maman ?
Selon Maman, c'est ....

2 **Remplace** les mots en gras par les mots employés dans le texte.

- Caramel a tout à fait l'air **d'être celui qui a mis la balle sous le buffet**. Caramel a tout à fait l'air ....

- Est-ce que je peux appeler **quelqu'un pour me défendre** ?
Est-ce que je peux appeler mon .... ?

3 **Relie** chaque pronom en gras à ce qu'il désigne.

C'est tout simple, **je** lui réponds. •	• la balle
Le chat que voici a dû **la** dénicher. •	• le chat
Et **il** ne l'a pas retrouvée. •	• Gilou
Je me dois de vous contredire. •	• Maman
Il a joué à la balle dans le salon et cassé mon vase. •	

4 **Écris** *Vrai* ou *Faux*.

Caramel a fait rouler la balle sous le buffet. ....

Gilou a fait rouler la balle sous le buffet. ....

Caramel a cassé le vase avec la balle. ....

Gilou a cassé le vase avec la balle. ....

Maman est une bonne détective. ....

Fiche 27+

Former des mots (1)

a b c d e f g h i j k l m n o p q r s t u v w x y z

1 **Lis** ces mots et **recopie**-les dans l'ordre alphabétique.

gros – cahier – bébé – grand

....

2 **Complète** avec des mots contenant le suffixe *-iste*.

Elle soigne les **dents**, c'est une ....

Il travaille dans un **garage**, c'est un ....

Il vend des **fleurs**, c'est un ....

Elle joue du **piano**, c'est une ....

3 **Complète** chaque phrase avec un mot de la famille du mot en gras et contenant le suffixe *-eur*.

Le poisson **nage** bien, c'est un bon ....

Tom aime la **danse**, il voudrait être ....

Max **chante** bien, plus tard, il sera ....

Recopie une de ces phrases.

....

4 **Écris** le nom du fruit correspondant à chaque arbre.
Entoure le suffixe de chaque nom d'arbre.

un abricotier : un ....

un prunier : une ....

un pommier : une ....

un bananier : une ....

Fiche 27++

Former des mots (1)

a b c d e f g h i j k l m n o p q r s t u v w x y z

1 **Lis** ces mots et **recopie**-les dans l'ordre alphabétique.

peluche – gros – passer – cahier – bébé – grand

....

2 **Écris** des noms de métier contenant le suffixe *-iste*.

le piano : une ....

la trompette : un ....

la flute : un ....

la guitare : une ....

3 **Complète** chaque phrase avec un mot de la famille du mot en gras et contenant le suffixe *-eur*.

Il aime **courir**, c'est un bon ....

Il **coiffe** les gens, il est ....

Tu **manges** beaucoup, tu es un gros ....

Il **rame** pour faire avancer le bateau, c'est le ....

4 **Écris** des noms de métier contenant le suffixe *-ier*.

une ferme : un ....

une banque : un ....

un jardin : un ....

le chocolat : un ....

5 **Écris** une phrase avec un mot de la page contenant *-eur, -iste* ou *-ier*.

....

Raconter un méfait

1 **Observe** les dessins et **complète** les phrases.

Lucas est dans ....

Il ....

....

On sonne. Lucas ....

....

....

Pendant ce temps-là, le chat

....

....

Quand, Lucas revient,

le poulet a disparu.

Qui est le .... ?

Lucas voit des ....

....

Il voit le chat se lécher les babines.

C'est le chat qui a volé le poulet !

Vérifie que tu as mis les points.

Des mots dont tu peux avoir besoin :
cuisine - ouvrir - poulet - coupable - empreintes - table

Raconter un méfait

1 **Écris** où est Lucas et ce qu'il fait.

....

....

2 **Complète**.

On sonne. Lucas ....

....

3 **Écris** ce que fait le chat pendant ce temps.

....

....

4 **Complète**.

Quand Lucas revient, il ....

....

Qui est .... ?

5 **Indique** ce que voit Lucas sur la table, ce que fait le chat et ce que Lucas en déduit.

....

....

....

Vérifie que tu as mis les majuscules et les points.

Des mots dont tu peux avoir besoin : cuisine - ouvrir - poulet - coupable - empreintes - se lèche les babines - c'est - disparu

Fiche 29+

Vers 1900, à la campagne (1)

1 **Remplace** les mots en gras par les mots employés dans le texte.

- De nombreux **habitants du village** lui apportent des seaux.

De nombreux .... lui apportent des seaux.

2 **Recopie** la phrase qui indique où est l'étameur quand il vient au village.

....

3 **Relie** les personnes à ce qu'elles font.

Sur la place, des personnes •	• rincent le linge.
L'étameur •	• ferre les chevaux.
Le forgeron maréchal-ferrant •	• remet à neuf les ustensiles rouillés.
Au lavoir, les femmes •	• tirent de l'eau à la fontaine.

4 **Entoure** les ustensiles de cuisine.

une casserole - une poêle - une bêche - une louche - une marmite - une fourchette - un râteau

5 **Complète** les phrases.

Antoinette habite .... dans un petit ....

Plusieurs personnes tirent de l'eau à ....

Le maréchal-ferrant .... les chevaux.

Les femmes vont au .... pour rincer le linge.

Fiche 29++

Vers 1900, à la campagne (1)

1 **Réponds** à la question en écrivant une phrase.

Pourquoi la lessive était-elle un travail long et fatigant ?

....

....

2 **Relie** chaque mot à sa définition.

une enclume •	• l'endroit où l'on rince le linge
un soufflet •	• un habitant du village
un villageois •	• masse de métal sur laquelle le forgeron frappe le métal rougi
le lavoir •	• un instrument qui sert à envoyer de l'air

3 **Écris** qui est désigné par chaque pronom en gras.

Il remet à neuf les ustensiles rouillés. Il : ....

Il ferre aussi les chevaux. Il : ....

4 **Coche** les informations qui sont données dans le documentaire sur la vie à la campagne vers 1900.

- [ ] À la campagne, il n'y a pas l'eau courante dans les maisons.
- [ ] Pour avoir de l'eau, il fallait aller à la fontaine.
- [ ] De nombreuses machines faisaient le travail dans les champs.
- [ ] Le forgeron fabriquait et réparait les outils en fer.
- [ ] L'étameur remettait à neuf les ustensiles rouillés.
- [ ] On lavait le linge à la main.
- [ ] De nombreux Français habitaient à la campagne et travaillaient dans les champs.

Le son [m] comme

1 **Nomme** les dessins.
Entoure le dessin quand tu entends [m].

2 **Nomme** les dessins. **Entoure** le point qui correspond à l'endroit où tu entends [m].

● ● ● ● ●　　● ● ● ● ●　　● ● ● ● ● ●　　● ● ● ●　　● ● ● ●

3 **Lis** ces mots. Puis **recopie**-les sur la bonne ligne.

un mois – une pomme – manger – le maitre/la maitresse – maintenant – même – la musique – aimer

[m] s'écrit **m** : ....

....

[m] s'écrit **mm** : ....

4 **Écris** les réponses aux devinettes.

Je suis une grande étendue d'eau salée : la ....

Nous sommes des êtres humains qui vivent sur la Terre :

un .... une ....

Le son [m] comme

1 **Écris** trois mots appris à partir de ces étiquettes.
Ajoute-leur un déterminant.

| mai | mu | tre | mai | si | tresse | que |

....

....

2 **Écris** les mots qui sont incomplets en ajoutant *m* ou *mm*.

une po♦e : ....

♦ê♦e : ....

un ho♦e : ....

une fe♦e : ....

de♦ain : ....

3 **Complète** chaque phrase avec le verbe proposé au présent.

aimer : Vous .... les fruits.

demander : Tu .... à la maitresse si tu peux jouer.

allumer : Nous .... la télévision.

manger : Deux enfants .... une pomme.

4 **Écris** le mot invariable appris.

....

5 **Recopie** les trois mots qui s'écrivent avec une lettre finale qui ne se prononce pas.

un mois – le tram – maintenant – méchant – un album

....

Fiche 31+

La relation sujet-verbe au passé (1)

1 **Souligne** les verbes qui changent quand on écrit le texte au passé.

Antoinette habite à la campagne.
Elle regarde les femmes à la fontaine.
Les femmes bavardent en tirant de l'eau.

Antoinette habitait à la campagne.
Elle regardait les femmes à la fontaine.
Les femmes bavardaient en tirant de l'eau.

2 **Complète** chaque phrase avec le verbe au passé.

habit**e** / habit**ait**
Antoinette .... à la campagne.

regard**ait** / regard**e**
Elle .... les femmes à la fontaine.

bavard**ent** / bavard**aient**
Les femmes .... en tirant de l'eau.

3 **Écris** chaque phrase au passé. Attention ! Le verbe souligné change.

Antoinette <u>traverse</u> la place.
Autrefois, Antoinette ....
Les villageois <u>apportent</u> des bassines à réparer.
....
Antoinette <u>regarde</u> l'étameur.
....

Fiche 31++

La relation sujet-verbe au passé (1)

1 **Récris** le texte au passé. Les verbes soulignés changent.

Antoinette <u>habite</u> à la campagne.
Le matin, elle <u>traverse</u> la place.
Elle <u>regarde</u> les femmes à la fontaine.
Les femmes <u>bavardent</u> en tirant de l'eau.
Les villageois <u>apportent</u> des bassines à réparer.

Autrefois, Antoinette ....
....
....
....
....

Écris l'infinitif des verbes conjugués :
....

2 **Écris** l'infinitif des verbes soulignés. Puis **écris** les phrases au passé.

Zoé <u>dessine</u>. ....
À l'école maternelle, ...
Elle <u>aime</u> beaucoup peindre. ....
....
Des élèves <u>pleurent</u> le matin. ....
....
Ensuite, ils <u>jouent</u>. ....
....

Fiche 32+

Des groupes nominaux (7)

1 **Souligne** les noms, **entoure** les déterminants.

La fillette habite à **la campagne**.

Elle traverse **la place**.

Elle voit **des femmes** près de **la fontaine**.

Des villageois apportent **des ustensiles** à réparer.

2 **Recopie** les noms sur la bonne ligne.

le vélo – la porte – la mer – une fourchette – un verre – le poisson

noms avec les déterminants : *un, le*

....

noms avec les déterminants : *une, la*

....

3 **Recopie** les noms sur la bonne ligne.

les cahiers – la gomme – le sac – des crayons– une règle – les arbres – des chaussures – un phare

noms avec les déterminants : *un, le, la, une*

....

noms avec les déterminants : *les, des*

....

4 **Complète** chaque groupe nominal avec *le* ou *la*.

les zèbres ➜ ...... zèbre — les doigts ➜ ...... doigt

les classes ➜ ...... classe — les gommes ➜ ...... gomme

Fiche 32++

Des groupes nominaux (7)

1 **Complète** chaque groupe nominal avec *le*, *la* ou *l'*.

les chaises ➜ ...... chaise

les histoires ➜ ...... histoire

les aspirateurs ➜ ...... aspirateur

les rivières ➜ ...... rivière

les ordinateurs ➜ ...... ordinateur

les villages ➜ ...... village

2 **Recopie** les noms sur la bonne ligne.

une cuillère – des assiettes – le couteau – mes amies – une amie – les hirondelles – la vitrine – ma mère – mon père – un ami

noms avec les déterminants : *un, le, mon*

....

noms avec les déterminants : *une, la, ma*

....

noms avec les déterminants : *les, des, mes*

....

3 Dans chaque groupe nominal, il y a un mot qui peut être supprimé. **Recopie** le groupe nominal sans ce mot.

les chats blancs : ....

des fleurs fanées : ....

une grande table : ....

le vieux chapeau : ....

une histoire vraie : ....

Fiche 33+

Vers 1900, à la campagne (2)

1 **Remplace** les mots en gras par les mots employés dans le texte.

- L'été, c'est la **récolte du blé**.

L'été, c'est la ....

2 **Recopie** la phrase qui indique ce que fait Antoinette le jeudi et pendant les vacances.

....

3 **Relie** chaque machine à ce qu'elle fait.

La faucheuse •	• bat le blé.
La batteuse •	• actionne la batteuse.
La machine à vapeur •	• fauche le blé.

4 **Complète** les réponses aux questions.

- Quels animaux tiraient les machines dans les champs ?

Ce sont les .... qui ....
....

- Quelle machine à vapeur actionnait la batteuse ?

C'est une .... qui ....
....

- Qu'est-ce qu'Antoinette espère ?

Antoinette espère que Papa ....
....

Fiche 33++

Vers 1900, à la campagne (2)

1 **Réponds** à chaque question en écrivant une phrase.

Que fait Antoinette le jeudi et pendant les vacances ?

....
....

Dans les grosses fermes, comment coupe-t-on le blé ?

....
....

2 **Remplace** les mots en gras par les mots employés dans le texte.

- L'été, c'est la **récolte du blé**.

L'été, c'est la ....

- Pour couper le blé, on utilise des **outils avec une grande lame**.

Pour couper le blé, on utilise des ....

3 **Coche** les informations qui sont données dans le documentaire sur la vie à la campagne vers 1900.

- ☐ Les enfants travaillent avec leurs parents dans les champs.
- ☐ Tous les travaux des champs sont faits à la main.
- ☐ Dans les grosses fermes, on commence à utiliser quelques machines : la faucheuse et la batteuse.
- ☐ Il y a beaucoup de machines dans les champs.
- ☐ Le train à vapeur passe dans les villages des campagnes.
- ☐ Il y a beaucoup de monde dans les trains à vapeur les jours de marché.

Fiche 34+

Utiliser le dictionnaire (1)

1 **Observe** la page de dictionnaire.

crocodile

180

A B **C** D E F G H I J K L M N O P Q R S T U V W X Y Z

Un **crocodile**.

crocodile nom masculin
Un crocodile, c'est un gros animal qui a des grandes mâchoires, des pattes courtes et le corps recouvert d'écailles.
Les crocodiles emportent leurs proies sous l'eau avant de les manger.
■ Les crocodiles vivent dans les fleuves et dans les lacs des pays chauds.

croire verbe
1. Croire quelqu'un, c'est penser que ce qu'il dit est vrai. *J'ai dit à Esteban que j'avais vu un lion dans la rue et il m'a cru.*
2. *Il fait froid, je crois qu'il va neiger*, je pense qu'il va peut-être neiger mais je n'en suis pas sûr.
3. *Mes parents croient en Dieu*, ils sont sûrs que Dieu existe.

croisement nom masculin
Un croisement, c'est un endroit où une route traverse une autre route. *Il y a des feux rouges au croisement.*
■ Cherche aussi **carrefour**.

croiser verbe
1. *Croisez les bras*, pliez vos bras et posez-les l'un sur l'autre.
2. *Ce chemin croise la route*, ce chemin traverse la route.
3. *Jean a croisé Romain dans la rue*, Jean a rencontré Romain alors que chacun marchait dans un sens différent.

croisière nom féminin
Une croisière, c'est un long voyage en bateau pendant lequel on visite plusieurs endroits. *Nous avons fait une croisière Waux Caraïbes.*

croissance nom féminin
Antonin a dix ans, il est en pleine croissance, il est en train de grandir beaucoup.

croissant nom masculin
1. Un croissant de lune, c'est une partie de la lune qui est éclairée et qui a une forme d'arc.
2. Un croissant, c'est une sorte de gâteau qui a la forme d'un croissant de lune.

Combien vois-tu de **croissants** sur cette image ?

2 **Écris** la lettre qui est au début de tous les mots définis : ....

Écris le premier mot défini : ....

Coche ce qui est vrai :

☐ Le premier mot défini est aussi en haut à gauche.

☐ On appelle ce mot « le mot repère ».

☐ Dans la page, il y a 6 mots qui sont définis.

Recopie les mots qui sont définis : ....

....

Fiche 34++

Utiliser le dictionnaire (1)

1 **Observe** la page de dictionnaire.

crocodile

180

A B **C** D E F G H I J K L M N O P Q R S T U V W X Y Z

Un **crocodile**.

crocodile nom masculin
Un crocodile, c'est un gros animal qui a des grandes mâchoires, des pattes courtes et le corps recouvert d'écailles.
Les crocodiles emportent leurs proies sous l'eau avant de les manger.
■ Les crocodiles vivent dans les fleuves et dans les lacs des pays chauds.

croire verbe
1. Croire quelqu'un, c'est penser que ce qu'il dit est vrai. *J'ai dit à Esteban que j'avais vu un lion dans la rue et il m'a cru.*
2. *Il fait froid, je crois qu'il va neiger*, je pense qu'il va peut-être neiger mais je n'en suis pas sûr.
3. *Mes parents croient en Dieu*, ils sont sûrs que Dieu existe.

croisement nom masculin
Un croisement, c'est un endroit où une route traverse une autre route. *Il y a des feux rouges au croisement.*
■ Cherche aussi **carrefour**.

croiser verbe
1. *Croisez les bras*, pliez vos bras et posez-les l'un sur l'autre.
2. *Ce chemin croise la route*, ce chemin traverse la route.
3. *Jean a croisé Romain dans la rue*, Jean a rencontré Romain alors que chacun marchait dans un sens différent.

croisière nom féminin
Une croisière, c'est un long voyage en bateau pendant lequel on visite plusieurs endroits. *Nous avons fait une croisière Waux Caraïbes.*

croissance nom féminin
Antonin a dix ans, il est en pleine croissance, il est en train de grandir beaucoup.

croissant nom masculin
1. Un croissant de lune, c'est une partie de la lune qui est éclairée et qui a une forme d'arc.
2. Un croissant, c'est une sorte de gâteau qui a la forme d'un croissant de lune.

Combien vois-tu de **croissants** sur cette image ?

2 **Écris** la lettre qui est au début de tous les mots définis : ....

Recopie le mot repère : ....

Recopie les mots qui sont définis : ....

....

Réponds à la question posée sous le dessin qui illustre le mot *croissant*.

....

Combien de sens a le mot *croissant* ? ....

Quel autre mot est illustré ? ....

Nathan 2018 – Français CE1 – *Photocopie autorisée pour une classe seulement*

Fiche 35+

Écrire un texte documentaire (1)

1 **Observe** le document « L'atelier du forgeron » et **complète** les phrases pour répondre aux questions.

Où est Antoinette ?

Antoinette ....

....

Qui regarde-t-elle ?

Elle ....

....

Sur quoi tape le forgeron ? Avec quoi ?

Il ....

Vérifie que tu as mis les points.

2 **Observe** le document « Au lavoir » et **complète** le texte.
Emploie les verbes *aller, rincer, bavarder, aimer* au présent.

Les femmes .... au lavoir

pour ....

En travaillant, ...

....

Antoinette ....

bien les écouter.

Vérifie que tu as bien conjugué les verbes et que tu n'as pas fait d'erreurs en copiant les mots.

Des mots dont tu peux avoir besoin :
le linge - du métal - l'enclume - rincer - un marteau

Fiche 35++

Écrire un texte documentaire (1)

1 **Observe** le document « L'atelier du forgeron » et **écris** trois phrases pour dire où est Antoinette, ce qu'elle fait et ce que fait le forgeron.
Emploie les verbes *être, regarder, taper* au présent.

....

....

....

....

....

....

Vérifie que tu as écrit trois phrases, que tu as mis les majuscules et les points et que tu as bien conjugué les verbes.

2 **Observe** le document « Au lavoir » et **écris** trois phrases pour dire où vont les femmes quand elles font la lessive, pour quoi faire, ce qu'elles font en travaillant et ce qu'Antoinette fait quand elle va au lavoir.
Emploie les verbes *aller, rincer, bavarder, aimer* au présent.

....

....

....

....

....

....

Vérifie que tu as écrit trois phrases, que tu as mis les majuscules et les points et que tu as bien conjugué les verbes.

Des mots dont tu peux avoir besoin :
le linge - du métal - l'enclume - rincer - un marteau

Vers 1900, à Paris (1)

1 **Remplace** les mots en gras par les mots employés dans le texte.

- Il a été construit le long d'une belle **rue très large**.

Il a été construit le long d'une belle ....

- L'appartement est équipé du gaz et de **l'eau au robinet dans la cuisine**.

L'appartement est équipé du gaz et de ....

2 **Recopie** la phrase qui indique où a été construit l'immeuble d'Émile.

....

....

3 **Écris** qui est désigné par le pronom en gras.

l'immeuble – Émile

Il habite au quatrième étage. Il : ....

4 **Complète** les réponses aux questions.

- Où habite Émile ?

Émile ....

- À quoi ressemble le grand magasin *La Belle Jardinière* ?

Le grand magasin *La Belle Jardinière* ressemble ....

- Dans les immeubles, où sont logés les domestiques ?

Dans les immeubles, les domestiques ....

....

- À quel étage de l'immeuble habite la famille qui a plusieurs domestiques ?

La famille qui a plusieurs domestiques habite ....

....

Vers 1900, à Paris (1)

1 **Réponds** à chaque question en écrivant une phrase.

Où habite Émile ?

....

À quoi ressemble le grand magasin *La Belle Jardinière* ?

....

2 **Remplace** les mots en gras par les mots employés dans le texte.

- Il a été construit le long d'une belle **rue très large**.

Il a été construit le long d'une belle ....

- L'appartement est équipé du gaz et de **l'eau au robinet dans la cuisine**.

L'appartement est équipé du gaz et de ....

- Il y aussi **des tuyaux pour conduire les eaux usées en dehors de la ville**.

Il y a aussi le ....

3 **Coche** les informations qui sont données dans le documentaire sur la vie à la ville vers 1900.

- ☐ Les villes s'agrandissent car des gens venus de la campagne s'y installent.
- ☐ Dans certains immeubles, il y a le gaz, l'eau courante et même le tout-à-l'égout.
- ☐ Dans les immeubles, les domestiques sont logés sous les toits.
- ☐ Il y a beaucoup de grands magasins où l'on vend de tout.
- ☐ À Paris, il y a des quartiers avec de vieux immeubles.
- ☐ La circulation dans les rues est importante.

Le son [n] comme

1 **Nomme** les dessins. **Entoure** le dessin quand tu entends [n].

2 **Nomme** les dessins. **Entoure** le point qui correspond à l'endroit où tu entends [n].

● ●	● ● ● ● ● ●	● ● ● ● ● ●	● ● ●	● ● ● ● ● ●

3 **Lis** les mots. Puis **recopie**-les sur la bonne ligne.

jeune - noir - une année - une reine - non - un nom - le nez - dernier - donner

[n] s'écrit **n** : ....

....

[n] s'écrit **nn** : ....

4 **Écris** les réponses aux devinettes.

Je suis le temps entre le coucher du soleil et son lever :

la ....

Je tombe du ciel en flocons blancs :

la ....

Le son [n] comme

1 **Écris** deux mots appris à partir de ces étiquettes.
Ajoute-leur un déterminant.

ma | ne | né | rei | ci

....

2 **Recopie** les phrases en complétant les mots avec *m* ou *n*.

J'ai un rhu◆e, j'ai le ◆ez qui coule.

....

J'ai sali ◆on pantalon ◆oir.

....

Il dit : - ◆on, je n'irai pas au ciné◆a de◆ain.

....

Le ◆om de ◆a chatte est Minette.

....

3 **Écris** les mots qui sont incomplets en ajoutant *n* ou *nn*.

dessi◆er : .... une mi◆ute : ....

do◆er : .... jeu◆e : ....

der◆ier : .... une a◆ée : ....

4 **Écris** le mot invariable appris.

....

5 **Recopie** les quatre mots qui s'écrivent avec une lettre finale qui ne se prononce pas.

une année - la nuit - neuf - un anorak - un nougat - le nord

....

Fiche 38+

La relation sujet-verbe au passé (2)

1 **Souligne** les verbes qui changent quand on écrit le texte au passé.

Toi, Antoinette, tu habites à la campagne.
Toi, Émile, tu es en ville.
Tous les deux, vous pensez à la tour Eiffel.
Vous avez un rêve.

Toi, Antoinette, tu habitais à la campagne.
Toi, Émile, tu habitais à la ville.
Tous les deux, vous pensiez à la tour Eiffel.
Vous rêviez d'y monter.

2 **Complète** chaque phrase avec le verbe au passé.

habit**es** / habit**ais**
Toi, Antoinette, tu .... à la campagne.
Toi, Émile, tu .... à la ville.

pens**iez** / pens**ez**
Tous les deux, vous .... à la tour Eiffel.

av**iez** / av**ez**
Vous .... un rêve.

3 **Écris** chaque phrase au passé. Attention ! Le verbe souligné change.

Tu aimes la tour Eiffel.
....
Tu regardes la tour sur une image.
....

Fiche 38++

La relation sujet-verbe au passé (2)

1 **Récris** le texte au passé. Les verbes soulignés changent.

Toi, Antoinette, tu habites à la campagne.
Toi, Émile, tu es en ville.
Tous les deux, vous pensez à la tour Eiffel.
Vous avez un rêve.

Autrefois, toi, Antoinette, ...
....
....
....
....

Écris l'infinitif des verbes conjugués :
....

2 **Écris** l'infinitif des verbes soulignés. Puis **écris** les phrases au passé.

Tu dessines. ....
À l'école maternelle, ...
Tu aimes beaucoup peindre. ....
....
Avec des copines, vous jouez avec des cartes. ....
....
Vous fabriquez des maisons. ....
....

Fiche 39+

Des phrases dans un texte (8)

1 **Lis** ce texte.

Émile habite dans un immeuble. Il va à l'école à pied. Il ne prend pas l'omnibus. Dans les rues, le garçon voit des fiacres. Les cochers ont un chapeau noir. Un jour, le jeune Émile a vu une bicyclette.

Indique le nombre de phrases : ....

Recopie la phrase négative.

....

2 **Relie** *de qui on parle* et *ce qu'on en dit*.

Émile •	• a vu une bicyclette.
Les cochers •	• va à l'école à pied.
Le jeune Émile •	• ont un chapeau noir.

Recopie une des phrases formées.

....

3 **Entoure** *de qui on parle* et *ce qu'on en dit*.

Le jeune garçon voit des fiacres.

Récris la phrase en ajoutant l'information supplémentaire *Dans les rues,* au début.

....

Fiche 39++

Des phrases dans un texte (8)

1 **Lis** ce texte.

À Paris, Émile habite dans un immeuble. Il va à l'école à pied. Il ne prend pas l'omnibus. Dans les rues, le garçon voit des fiacres. Les cochers ont un grand manteau et un chapeau noirs. Un jour, le jeune Émile a vu une bicyclette.

Indique le nombre de phrases : ....

Recopie une phrase déclarative.

....

Recopie la phrase négative du texte.

....

2 **Entoure** *de qui on parle* et *ce qu'on en dit*.

Le jeune garçon voit des fiacres.

Récris la phrase en ajoutant l'information supplémentaire *Dans les rues* au début.

N'oublie pas la virgule après *Dans les rues*.

....

3 **Entoure** *de qui on parle* et *ce qu'on en dit*.

À Paris, Émile habite dans un immeuble.

Récris la phrase en mettant *à Paris* à la fin.

....

Vers 1900, à Paris (2)

1 **Remplace** les mots en gras par les mots employés dans le texte.

Avec son père, Émile est déjà monté à **l'étage d'un omnibus**.

Avec son père, Émile est déjà monté sur l' ....

2 **Recopie** la phrase qui indique ce que le maitre a dit à Émile.

....

....

....

3 **Entoure** les moyens de transport en 1900.

les fiacres – le métro – les charrettes – les omnibus –
l'avion – les bicyclettes – le train à vapeur

4 **Écris** qui est désigné par le pronom en gras.

le marchand ambulant – Émile

Quand il rentre de l'école, **il** voit aussi l'allumeur des réverbères à gaz qui éclairent la ville le soir.

il : ....

5 **Complète** les réponses aux questions.

- Que portent les cochers des fiacres ?

Les cochers portent ....

- Comment sont tirés les omnibus ?

Les omnibus sont tirés par ....

Vers 1900, à Paris (2)

1 **Réponds** à la question en écrivant une phrase.

Quels sont les différents moyens de transport vers 1900 à Paris ?

....

....

2 **Remplace** les mots en gras par les mots employés dans le texte.

- Il y a **des voitures de une à quatre personnes tirées par un cheval** avec leur **conducteur** en grand manteau et haut de forme.

Il y a des .... avec leur .... en grand manteau et haut de forme.

- Avec son père, Émile est déjà monté **à l'étage d'un omnibus**.

Avec son père, Émile est déjà monté sur l'............................ .

3 **Coche** les informations qui sont données dans le documentaire sur la vie à la ville vers 1900.

- ☐ Les cochers des fiacres sont vêtus d'un grand manteau noir et d'un chapeau.
- ☐ C'est le début des avions.
- ☐ Des omnibus assurent un transport collectif.
- ☐ Il commence à y avoir des bicyclettes.
- ☐ Dans les rues, il y a des marchands ambulants.
- ☐ Des réverbères à gaz éclairent la ville le soir.
- ☐ Il y a des automobiles.

Fiche 41+

Former des mots (2)

1 **Lis** ces mots et **recopie**-les dans l'ordre alphabétique.

parfum - marmotte - fente - prince

....

2 **Complète** avec des mots contenant le suffixe *-age*.

Le radiateur ne **chauffe** plus, le .... est en panne.

On **découpe** des guirlandes, ce .... n'est pas facile.

La classe est **nettoyée** le soir, le .... doit être terminé à 20 heures.

J'aime bien **colorier** mais ce .... est vraiment trop difficile.

3 **Ajoute** le préfixe *re-* à chaque verbe pour indiquer une répétition.

monter : ....

laver : ....

donner : ....

faire : ....

4 **Ajoute** le préfixe *dé-* à chaque verbe pour indiquer le contraire.

coller : ....

charger : ....

bloquer : ....

coiffer : ....

plier : ....

Fiche 41++

Former des mots (2)

1 **Recopie** les mots en les rangeant dans l'ordre alphabétique.

parfum - marmotte - fente - prince - hier - mammifère

....

2 **Écris** des noms contenant le suffixe *-age*.

maquiller : le ....

essorer : l' ....

modeler : le ....

brosser : le ....

passer : le ....

3 **Ajoute** le préfixe *re-* à chaque verbe pour indiquer une répétition.

gonfler : ....

dire : ....

commencer : ....

copier : ....

mettre : ....

4 **Récris** chaque phrase en remplaçant le mot en gras par son contraire. Utilise le préfixe *in-* ou *dé-*.

Je **bloque** la roue. ....

Ce jeu de cartes est **complet**.

....

Maman **plie** un drap. ....

Ce chanteur est **connu**. ....

Écrire un texte documentaire (2)

1 **Observe** le document *La Belle Jardinière*.

2 **Complète** les phrases.

un omnibus - immense - piétons -
La Belle Jardinière - fiacres - étages -
réverbères - toutes sortes de marchandises

Ce magasin .... s'appelle .... Il est situé le long de la Seine.

Il a plusieurs .... On y vend ....

Il y a beaucoup de .... près de *La Belle Jardinière*.

On peut aussi voir de nombreux véhicules : des .... et un .... La nuit, le pont et l'avenue bordée d'arbres sont éclairés par des ....

Vérifie que tu n'as pas fait d'erreurs en recopiant les mots.

3 **Écris** une phrase pour dire dans quelle ville se trouve le grand magasin *La Belle Jardinière*.

....

Vérifie que tu as mis la majuscule et le point.

Écrire un texte documentaire (2)

1 **Observe** le document *La Belle Jardinière*.

2 **Réponds** aux questions par une phrase.

Comment s'appelle ce grand magasin ?

....

Quels véhicules vois-tu sur le pont au-dessus de la Seine et sur l'avenue ?

....

Par quoi sont éclairés le pont et l'avenue bordée d'arbres ?

....

Pourquoi y a-t-il beaucoup de circulation et de nombreux piétons près de *La Belle Jardinière* ?

....

....

3 **Écris** deux phrases pour compléter la description du document : la ville dans laquelle se trouve ce grand magasin, la taille et le nombre d'étages du grand magasin.

....

....

Vérifie que tu as mis les majuscules et les points.

Fiche 43+

Vers 1900, à l'école (1)

1 **Recopie** la phrase qui indique que les filles et les garçons ne sont pas dans les mêmes écoles.

....

....

2 **Entoure** ce que les élèves font à l'école.

du calcul – de la lecture – de l'histoire – de l'informatique – de la géographie – de la sécurité routière – des sciences – de la gymnastique – de l'instruction civique – de la morale

3 **Écris** qui est désigné par le pronom en gras.

Émile et Antoinette – Émile

Ils apprennent le chant et le dessin.

Ils : ....

4 **Remplace** les mots en gras par les mots employés dans le texte.

Quand les élèves ne travaillent pas bien, ils vont dans un coin de la classe avec un bonnet **avec de grandes oreilles**.

Quand les élèves ne travaillent pas bien, ils vont dans un coin de la classe avec un bonnet ....

5 **Complète** les réponses aux questions.

- Quels jours les élèves vont-ils à l'école ?

Les élèves vont à l'école ....

....

- Que produisent les abeilles ?

Les abeilles produisent ....

Fiche 43++

Vers 1900, à l'école (1)

1 **Réponds** à chaque question en écrivant une phrase.

Quels jours les élèves vont-ils à l'école ?

....

Que produisent les abeilles ?

....

Combien y a-t-il de sortes de ruches sur le tableau pédagogique ?

....

Qu'est-ce que les filles apprennent que les garçons n'apprennent pas ? ....

2 **Remplace** les mots en gras par les mots employés dans le texte.

Quand les élèves ne travaillent pas bien, ils vont dans un coin de la classe avec un bonnet **avec de grandes oreilles**.

Quand les élèves ne travaillent pas bien, ils vont dans un coin de la classe avec un bonnet ....

3 **Coche** les informations données dans le documentaire sur l'école vers 1900.

- ☐ Jules Ferry vient de décider que l'école était obligatoire pour tous les petits Français.
- ☐ Les filles et les garçons sont dans des écoles séparées.
- ☐ Pour apprendre, les élèves observent des tableaux pédagogiques.
- ☐ À la fin de l'année scolaire, il y a une distribution des prix.
- ☐ On met un bonnet d'âne aux élèves qui ne travaillent pas bien.
- ☐ Il y a beaucoup d'élèves dans les classes.

Fiche 44+

Le son [k] comme

1 **Nomme** les dessins.
Entoure le dessin quand tu entends [k].

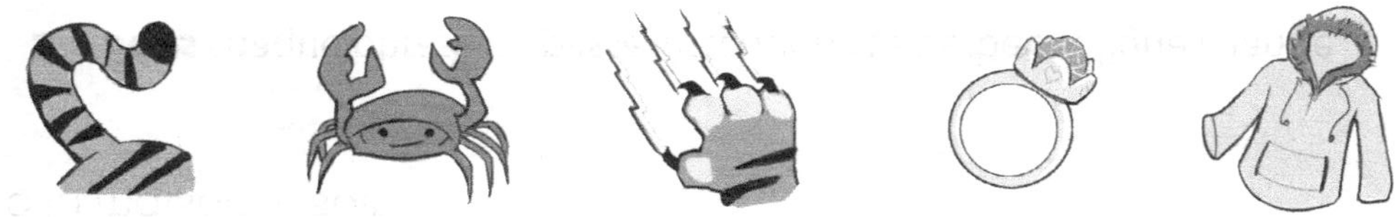

2 **Nomme** les dessins.
Entoure le point qui correspond à l'endroit où tu entends [k].

3 **Lis** les mots. Puis **recopie**-les sur la bonne ligne.

quatre – un anorak – cinquante – quand – écouter – quarante – tout à coup – le corps

[k] s'écrit **c** : ....

[k] s'écrit **qu** : ....

[k] s'écrit **k** : ....

4 **Écris** les réponses aux devinettes.

Je bats dans la poitrine : le ....

Je suis le nombre après treize : ....

Fiche 44++

Le son [k] comme

1 **Écris** un nom et un verbe appris à partir des étiquettes suivantes.

[a] [é] [ter] [cou] [rak] [no]

un ....

2 **Écris** les mots qui sont incomplets en ajoutant *c* ou *qu*.

l'é♦ole : ....

un ♦artier : ....

beau♦oup : ....

♦atorze : ....

♦atre : ....

dé♦ouper : ....

♦arré : ....

3 **Écris** les cinq mots invariables appris.

....

....

4 **Recopie** les cinq mots qui s'écrivent avec une lettre finale qui ne se prononce pas. Un des mots a deux lettres finales qui ne se prononcent pas. **Entoure** ce mot.

quand – un anorak – carré – content – un sac – le corps – beaucoup – content – un képi

....

....

Fiche 45+

La relation sujet-verbe au passé (3)

1 **Souligne** les verbes qui changent quand on écrit le texte au passé.

À l'école, j'écoute les leçons.

Je suis au CE1.

Le soir, mon frère et moi, nous rentrons ensemble à la maison.

À l'école, j'écoutais les leçons.

J'étais au CE1.

Le soir, mon frère et moi, nous rentrions ensemble à la maison.

2 **Complète** chaque phrase avec le verbe au passé.

écout**ais** / écout**e**

À l'école, j'.................................... les leçons.

travaill**ais** / travaill**e**

Je .... bien.

rentr**ons** / rentr**ions**

Mon frère et moi, nous .... ensemble à la maison le soir.

3 **Écris** chaque phrase au passé. Attention ! Le verbe souligné change.

J'ai des bons points.

....

Sur le chemin, mon frère et moi, nous bavardons beaucoup.

....

Fiche 45++

La relation sujet-verbe au passé (3)

1 **Récris** le texte au passé. Les verbes soulignés changent.

À l'école, j'écoute les leçons.

Je suis au CE1.

Le soir, mon frère et moi, nous rentrons ensemble à la maison.

Sur le chemin, nous bavardons beaucoup.

Autrefois, à l'école, j' ....

....

....

....

....

Écris l'infinitif des verbes conjugués : ....

....

2 **Écris** l'infinitif des verbes soulignés. Puis **écris** les phrases au passé.

Je joue dans la cour. ....

À l'école, ...

J'observe le tableau. ....

....

Dans la classe, nous écoutons la maitresse. ....

....

Nous avons des amis. ....

....

Fiche 46+

Le masculin et le féminin des noms

1 **Lis** ces groupes nominaux. **Entoure** l'intrus dans chaque ligne.

- une bouche – une voiture – un piano – une étoile
- le ciel – le sac – le cadeau – la mer – le maillot
- un stylo – la table – une maison – la neige
- le chat – un chien – le castor – un dauphin – la baleine

2 **Recopie** les groupes nominaux dans la bonne colonne.

un immeuble – la trompette – le banc – une blouse – la marelle – une jupe – la plume – le bateau – un seau – un nœud

masculin	féminin
....	....
....	....
....	....
....	....
....	....

3 **Recopie** uniquement les groupes nominaux masculins.

un train – une pièce – une abeille – le frère – la classe – le cirque – un pain

....

4 **Recopie** chaque nom féminin avec un déterminant.

cave – manteau – lettre – cuisine – jardin – cartable – reine – vague – livre

....

....

Fiche 46++

Le masculin et le féminin des noms

1 **Lis** ces groupes nominaux. **Entoure** l'intrus dans chaque ligne.

- front – moto – trompette – lune
- nuage – crayon – cadeau – plage – pantalon
- cahier – table – cabane – pluie
- éléphant – lion – zèbre – requin – baleine

2 **Recopie** les groupes nominaux dans la bonne colonne.

un encrier – l'église – une marmite – la casserole – l'orange – l'œuf – le pied – l'animal

masculin	féminin
....	....
....	....
....	....
....	....

3 **Relie** chaque nom masculin au nom féminin qui correspond.

le nageur •	• la reine
l'écolier •	• la nageuse
le roi •	• la sportive
le sportif •	• l'écolière

4 **Écris** avec leur déterminant :

deux noms masculins ➜ ....

deux noms féminins ➜ ....

Fiche 47+

Vers 1900, à l'école (2)

1 **Recopie** la phrase qui indique à quoi les élèves doivent faire attention quand ils écrivent.

....

....

2 **Entoure** ce qu'Antoinette porte pour aller à l'école.

une jupe – une robe – un pantalon – des galoches – des tennis – des sabots – des collants – des grandes chaussettes

3 **Écris** qui est désigné par chaque pronom en gras.

Antoinette – Émile et Antoinette

Ils trempent la plume dans un encrier.

Ils : ....

Elle porte une robe ou une jupe.

Elle : ....

4 **Remplace** les mots en gras par les mots employés dans le texte.

Ils trempent leur plume dans **un petit récipient avec de l'encre**.

Ils trempent leur plume dans ....

5 **Complète** les réponses aux questions.

- À quoi jouent les garçons dans la cour de récréation ?

Dans la cour de récréation, les garçons jouent ....

....

- À quoi jouent les filles dans la cour de récréation ?

Dans la cour de récréation, les filles jouent ....

....

Fiche 47++

Vers 1900, à l'école (2)

1 **Réponds** à chaque question en écrivant une phrase.

Pourquoi la blouse n'a-t-elle pas de fermeture éclair ?

....

À quoi jouent les garçons dans la cour de récréation ?

....

....

À quoi jouent les filles dans la cour de récréation ?

....

....

2 **Remplace** les mots en gras par les mots employés dans le texte.

- Ils travaillent sur **une table inclinée**.

Ils travaillent sur un ....

- Ils trempent leur plume dans **un petit récipient avec de l'encre**.

Ils trempent leur plume dans un ....

3 **Coche** les informations qui sont données dans le documentaire sur l'école vers 1900.

- ☐ Les élèves travaillent sur des pupitres.
- ☐ Les élèves écrivent à l'encre avec un porteplume.
- ☐ Les élèves ont un plumier pour ranger leur porteplume et leurs crayons.
- ☐ Les élèves ont des sacs en cuir.
- ☐ Les élèves portent une blouse boutonnée dans le dos.
- ☐ Souvent, à la campagne, les élèves mangent dans la classe le midi.

Fiche 48+

Des mots pour parler de l'école en 1900

1 **Lis** ces mots et **recopie**-les dans l'ordre alphabétique.

lionceau - duvet - peur - doigt

....

2 **Recopie** le nom de ce qui est représenté sur chaque dessin.

un pupitre - un plumier - un encrier - un porteplume

....

....

....

....

3 **Complète** le texte avec les mots suivants.

porteplume - pupitre - plumier - encrier

Antoinette et Émile étaient assis à un ....

Ils écrivaient avec un ....

L'encre était dans un ....

Ils rangeaient leurs crayons et leur porteplume

dans un ....

Fiche 48++

Des mots pour parler de l'école en 1900

1 **Lis** ces mots et **recopie**-les dans l'ordre alphabétique.

lionceau - duvet - peur - doigt - araignée - sur - sous

....

....

2 **Relie** chaque nom à sa définition.

un pupitre •	• Boite où on range les crayons, les porteplumes.
un plumier •	• Table inclinée pour écrire.
un encrier •	• Instrument avec une plume pour écrire.
un porteplume •	• Petit récipient dans lequel on met de l'encre.

3 **Complète** le texte avec les mots de l'activité 2.

Autrefois, à l'école, on s'installait à un ....

On écrivait à l'encre avec un ....

On le trempait dans de l'encre qui était dans un ....

placé dans un trou du pupitre.

On rangeait les crayons, la règle et le porteplume dans

un ....

   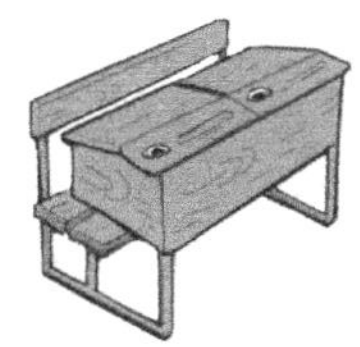

Fiche 49+

Écrire un documentaire (3)

Observe les dessins. **Complète** les phrases avec les verbes *travailler*, *tremper*, *porter*, *jouer* et les mots en bas de la fiche.

Antoinette ....

....

....

Pour écrire, Antoinette ....

....

....

Antoinette ....

....

....

À la récréation, Antoinette ....

....

....

Vérifie que tu as mis les points.

Des mots dont tu peux avoir besoin :
pupitre - plume - encrier - blouse boutonnée dans le dos - corde à sauter

Fiche 49++

Écrire un documentaire (3)

Complète le texte pour parler de l'école d'Antoinette.
Utilise les verbes *traverser, travailler, tremper, porter, jouer*.

Le matin, quand Antoinette va à l'école,

elle ....

À l'école, Antoinette ....

....

Pour écrire, elle ....

....

Elle apprend à ....

....

et elle fait ....

....

Elle porte ....

Antoinette ....

....

À la récréation, Antoinette ....

....

Vérifie que tu as mis les points.

Des mots dont tu peux avoir besoin :
pupitre - plume - encrier - blouse boutonnée dans le dos - corde à sauter - lire - écrire - compter - l'histoire - la géographie - les sciences - le chant - le dessin - le tricot - la couture - la gymnastique - des bons points

Fiche 50+

Poésies : dans la ville

1 **Réponds** aux questions.

Combien de vers a le poème *Dans cette ville* ? ....

Combien de vers ont les deux premières strophes ? ....

Combien de vers a la dernière strophe ? ....

2 **Entoure** d'une même couleur les rimes de chaque vers qui sont les mêmes.

Qui bondit,
Atterrit
Sur ton nez
Retroussé.

3 **Recopie** les deux vers dans lesquels Béatrice Tanaka parle d'un jardin.

....

....

4 **Complète** les vers du poème *L'embouteillage*.

Feu vert Feu vert Feu vert !
Le chemin est .... !
Les autos crachotent,
Toussotent, ...
Blanches, grises, vertes, bleues,
Tortues à la queue .... ,
Bloquées dans vos carapaces
Regardez-moi bien : je .... !

Fiche 50++

Poésies : dans la ville

1 **Remplace** les mots en gras par les mots employés dans le texte.

- Dans cette ville, il y a une rue **qui tourne**.

Dans cette ville, il y a une rue ....

- Et dans le jardin, un **arbre marron**.

Et dans le jardin, un ....

2 **Entoure** d'une même couleur les rimes de chaque vers qui sont les mêmes.

Qui bondit,
Atterrit
Sur ton nez
Retroussé.

3 **Recopie** tous les mots du poème qui contiennent la lettre *t* qui se prononce. Ne recopie pas plusieurs fois le même mot.

....

....

....

....

4 **Écris** la réponse à chaque question.

Quelles sont les couleurs des voitures dont parle le poète ?

....

....

Par quoi les voitures sont-elles bloquées ?

....

Fiche 51+

Le son [g] comme

1 **Nomme** les dessins. **Entoure** le dessin quand tu entends [g].

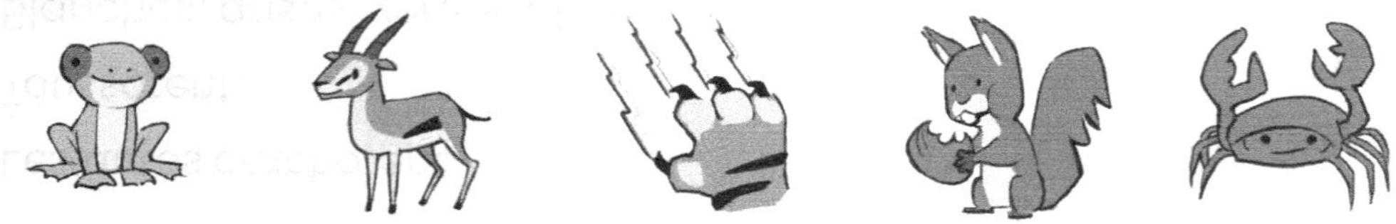

2 **Nomme** les dessins.
Entoure le point qui correspond à l'endroit où tu entends [g].

● ● ● ● ● ● ● ● ● ● ● ● ● ● ● ● ● ● ●

3 **Lis** les mots. Puis **recopie**-les sur la bonne ligne.

grand – le muguet – gros – la langue – regarder – glisser – grimper – gouter/le gouter

[g] s'écrit **g** : ....

....

[g] s'écrit **gu** : ....

4 **Écris** les réponses aux devinettes.

Je suis l'endroit où un commerçant vend des marchandises :

un ....

Je suis un enfant de sexe masculin : un ....

Fiche 51++

Le son [g] comme

1 **Écris** les mots qui sont incomplets en ajoutant *g* ou *gu*.

la lan♦e : ....

le ♦outer : ....

un ♦ant : ....

le mu♦et : ....

un escar♦ot : ....

2 **Recopie** les phrases en complétant les mots avec *cr* ou *gr*.

Le chat ♦eusait un trou avec ses ♦iffes.

....

L'o♦e mangeait trop de su♦e.

....

3 **Recopie** les phrases en complétant les mots avec *cl* ou *gl*.

On ne mange pas de ♦ace dans la ♦asse.

....

L'on♦e de Samia s'est cassé un on♦e.

....

4 **Écris** les quatre verbes appris à l'infinitif.

....

5 **Recopie** les six mots qui s'écrivent avec une lettre finale qui ne se prononce pas.

grand – gris – égal – gros – une grue – long – le sang – un parking

....

Fiche 52+

La relation sujet-verbe au passé (4)

1 **Souligne** les verbes qui changent quand on écrit le texte au passé.

Je regarde les voitures par la fenêtre.
Le feu passe au vert.
Les voitures roulent.
Nous sommes longtemps à la fenêtre.

Je regardais les voitures par la fenêtre.
Le feu passait au vert.
Les voitures roulaient.
Nous étions longtemps à la fenêtre.

2 **Complète** chaque phrase avec le verbe au passé.

regard**ais** / regard**e**
Je .... les voitures par la fenêtre.

pass**e** / pass**ait**
Le feu .... au vert.

roul**ent** / roul**aient**
Les voitures ....

ét**ions** / sommes
Nous .... longtemps à la fenêtre.

3 **Écris** cette phrase au passé. Attention ! Le verbe souligné change.

Vous regardez encore les voitures.

....

Fiche 52++

La relation sujet-verbe au passé (4)

1 **Récris** ce texte au passé. Les verbes soulignés changent.

Je regarde les voitures par la fenêtre.
Le feu passe au vert.
Les voitures roulent.
Au feu rouge, elles restent sans bouger.
Nous sommes longtemps à la fenêtre.

....
....
....
....
....

Écris l'infinitif des verbes conjugués : ....
....

2 **Écris** l'infinitif des verbes soulignés. Puis **écris** les phrases au passé.

La mère d'Antoinette lave le linge à la main. ....
....

Je regarde les femmes au lavoir. ....
....

Dans la cour, les garçons jouent à saute-mouton. ....
....

Fiche 53+

Le singulier et le pluriel des noms

1 **Lis** ces groupes nominaux. **Entoure** l'intrus dans chaque ligne.

- une tarte – une brioche – un croissant – des glaces
- des poules – les chatons – des vaches – le mouton

2 **Recopie** les groupes nominaux dans la bonne colonne.

le facteur – les tortues – des lettres – un plat – les soldats – des araignées – la route

au singulier	au pluriel
....	....
....	....
....	....
....	....

3 **Recopie** uniquement les groupes nominaux au pluriel.

les crocodiles – la sauterelle – le joueur – des chenilles – le vent – les nuages – des étoiles

....

....

Entoure la lettre à la fin des déterminants et des noms.

4 **Relie** chaque groupe nominal au singulier à celui au pluriel qui correspond.

la lampe •	• des sorcières
l'école •	• des livres
un livre •	• les écoles
une hirondelle •	• les lampes
une sorcière •	• des hirondelles

Fiche 53++

Le singulier et le pluriel des noms

1 **Recopie** les groupes nominaux dans la bonne colonne.

mes pieds – ses mains – des joues – ton ventre – la tête – des oranges – tes pigeons – un singe – une marmotte – une armoire

au singulier	au pluriel
....	....
....	....
....	....
....	....
....	....

2 **Complète** chaque groupe nominal avec le nom qui convient.
Observe bien la fin des noms.

arbre – arbres : Les .... n'ont plus de feuilles.

frère – frères : Clara a des ....

collier – colliers : Tu as un .... de perles.

rue – rues : La .... est droite.

voiture – voitures : Les .... s'arrêtent au feu rouge.

3 **Complète** chaque groupe nominal avec *le*, *la* ou *les*.
Observe bien la fin de chaque nom.

.... lapins	.... garçon
.... tortue	.... leçons
.... fenêtre	.... maisons
.... forêts	.... sœur

Fiche 54+

Poésies : au fil des saisons

1 **Réponds** aux questions.

Combien de strophes a le poème *Le brouillard* ? ....

Combien de vers a la première strophe ? ....

2 **Entoure** les rimes de chaque vers dans la première strophe.

Le brouillard a tout mis
Dans son sac de coton ;
Le brouillard a tout pris
Autour de ma maison.

3 **Recopie** les deux vers dans lesquels Maurice Carême parle de la serre du voisin.

....

....

4 **Écris** qui est désigné par chaque pronom en gras (poésie *Retour*).

je te suis fidèle, **tu** vois !

je : .... tu : ....

5 **Complète** les réponses aux questions.

- Où va nicher l'hirondelle ?

L'hirondelle va nicher ....

....

- D'où revient l'hirondelle ?

L'hirondelle revient ....

Fiche 54++

Poésies : au fil des saisons

1 **Réponds** à chaque question en écrivant une phrase.

À quoi Maurice Carême compare-t-il le brouillard ?

....

....

Qu'est-ce que le poète ne voit plus autour de sa maison ?

....

....

2 **Entoure** les rimes de chaque vers dans la première strophe.

Le brouillard a tout mis
Dans son sac de coton ;
Le brouillard a tout pris
Autour de ma maison.

3 **Écris** les mots du poème *Retour* qui correspondent à ces groupes de mots.

faire son nid : ....

la Terre : ....

je reviens toujours vers toi : ....

4 **Écris** qui est désigné par les pronoms en gras.

je te suis fidèle, **tu** vois !

je : .... tu : ....

5 **Entoure** la bonne réponse.

Quand les hirondelles reviennent-elles dans notre pays ?

en automne – au printemps

Fiche 55+

Utiliser le dictionnaire (2)

1 **Observe** l'article de dictionnaire.
Écris le mot qui est défini.

....

Recopie la phrase exemple.

....
....
....

Complète les phrases.

La peau de la figue est ....
....

La chair de la figue est ....
....

figue nom féminin
Une figue, c'est un fruit rond dont la peau est verte ou violette et dont la chair, à l'intérieur, est rouge avec de tout petits grains. *On peut manger des figues fraîches ou des figues sèches.*

Les **figues** poussent sur des **figuiers**.

Que voit-on sur l'illustration ?

....
....
....

2 **Relie** chaque phrase exemple au mot défini.

- citron •
- écorce •
- jus •
- pétiller •

- • Maman fait du jus d'orange.
- • Papi met une rondelle de citron dans son thé.
- • Rémi boit de l'eau qui pétille.
- • Sous l'écorce, il y a le bois.

Fiche 55++

Utiliser le dictionnaire (2)

1 **Observe** l'article de dictionnaire.
Écris le mot qui est défini.

....

Indique sa nature.

....

Écris le mot étiquette employé dans la définition.

....

Recopie la phrase exemple.

....
....
....

figue nom féminin
Une figue, c'est un fruit rond dont la peau est verte ou violette et dont la chair, à l'intérieur, est rouge avec de tout petits grains. *On peut manger des figues fraîches ou des figues sèches.*

Les **figues** poussent sur des **figuiers**.

Que voit-on sur l'illustration ?

....
....
....

2 **Complète** l'article du dictionnaire avec le mot défini et une phrase exemple.

............................, nom masculin

Un citron, c'est un fruit jaune, ovale, au gout acide.

....
....

Compléter un poème

1 **Relie** les mots qui riment.

château •	• noire
cuisine •	• beau
armoire •	• étroite
boite •	• sage
dessin •	• bleu marine
visage •	• enfantin

2 **Complète** ce poème avec les mots de l'activité 1 qui riment.

Dans cette ville, il y a une rue tordue
Dans cette rue, il y a un beau ....
Dans ce ...., il y a une cuisine ....
Dans cette ...., il y a une armoire ....
Dans cette ...., il y a une boite ....
Dans cette ...., il y a un dessin ....
Sur ce ...., il y a un visage ....
Qui me sourit.

Vérifie que les mots riment.

3 **Dessine** le visage qui te sourit.

Compléter un poème

1 **Lis** ces vers du poème *L'embouteillage.*

Feu vert Feu vert Feu vert !
Le chemin est ouvert !
Feu rouge Feu rouge Feu rouge !
Pas une ne bouge !
Blanches, grises, vertes, bleues
Tortues à la queue leu leu.

Recopie le dernier mot de chaque vers.

....

....

Prononce ces mots et **entoure** ce qui rime.

2 **Entoure** le mot qui rime avec le mot en gras.
Prononce ces mots pour voir s'ils riment.

marron : roux – citrons – malin – rang

roses : roche – colle – choses – gros

violettes : poulet – violon – muettes – voler

Complète ces vers avec des mots choisis ci-dessus qui peuvent convenir.

Blanches, grises, vertes, marron
Tortues pressées comme des ....
Blanches, grises, vertes, rose
Tortues toutes petites ....
Blanches, grises, vertes, violettes
Tortues ....

Vérifie que les mots riment.

Fiche 57+

La galette du Petit Chaperon Rouge

1 **Complète** la réponse à chaque question.

- À quoi sert le couteau ?

Le couteau sert à ....

- Que fait-on avec le jaune d'œuf ?

Avec le jaune d'œuf, on ....

- Pendant combien de temps la galette doit-elle cuire ?

La galette doit cuire ....

2 **Recopie** la quatrième étape de la recette.

....

3 **Remplace** les mots en gras par les mots employés dans le texte.

Colle les bords en appuyant avec les **parties pointues** d'une fourchette.

Colle les bords en appuyant avec les .... d'une fourchette.

4 **Écris** qui est désigné par le pronom en gras.

la galette – la pâte feuilletée

Demande à un adulte de **la** mettre au four.

la : ....

5 **Écris** *Vrai* ou *Faux*.

Pour la galette, il faut 100 g de beurre. ....

Il faut mettre le beurre, le sucre, l'œuf, la farine et la poudre d'amande dans un saladier. ....

Fiche 57++

La galette du Petit Chaperon Rouge

1 **Réponds** à chaque question en écrivant une phrase.

Quels ustensiles faut-il pour réaliser cette recette ?

....

....

À quoi sert le fouet ? ....

....

À quoi sert le couteau ? ....

Que fait-on avec le jaune d'œuf ? ....

Pendant combien de temps la galette doit-elle cuire ?

....

2 **Remplace** les mots en gras par les mots employés dans le texte.

- Étale ton mélange sur la pâte **qui forme des feuilles**.

Étale ton mélange sur la pâte ....

- Colle les bords en appuyant avec les **parties pointues** d'une fourchette.

Colle les bords en appuyant avec les .... d'une fourchette.

3 **Relie** le pronom en gras à ce qu'il désigne.

Découpe un loup dans la pâte et place-**le** sur la galette. •	• la galette
Demande à un adulte de **la** mettre au four. •	• le loup

Fiche 58+

Le son [p] comme

1 **Nomme** les dessins.
Entoure le dessin quand tu entends [p].

2 **Nomme** les dessins.
Entoure le point qui correspond à l'endroit où tu entends [p].

● ● ● ● ● ● ● ● ● ● ● ● ● ● ● ● ● ● ● ● ● ● ●

3 **Lis** les mots. Puis **recopie**-les sur la bonne ligne.

apporter - petit - puis - après - pendant - penser - passer - une place - apprendre

[p] s'écrit **p** :

....

....

[p] s'écrit **pp** :

....

4 **Écris** les réponses aux devinettes.

Je suis un animal avec des nageoires : un ....

Je suis un homme qui a un ou plusieurs enfants : un ....

Fiche 58++

Le son [p] comme

1 **Écris** deux verbes appris à partir de ces étiquettes.

pent | ppor | ter | ser | a

....

2 **Complète** chaque phrase avec le verbe *passer* conjugué à l'imparfait.

Des voitures .... dans la rue.

Vous .... un examen.

Je .... l'aspirateur.

Tu .... voir une copine.

3 **Écris** le verbe terminé par *-er* que l'on peut former à partir de chaque nom.

une place : ....

une plante : ....

un pilote : ....

une pédale : ....

4 **Écris** le contraire de ces mots.

grand : .... avant : ....

5 **Recopie** les six mots qui s'écrivent avec une lettre finale qui ne se prononce pas.

petit - le repas - puis - stop - après - pendant - poli - la pluie

....

....

Fiche 59+

L'imparfait des verbes : *être* et *avoir*, 1er groupe

1 **Relie** chaque pronom au verbe qui convient.
Un verbe peut être relié à deux pronoms.

Tu •	• traversait la place.
Je •	• regardiez les voitures.
Vous •	• jouais à la marelle.
Nous •	• rêvaient de monter à la tour Eiffel.
Elle •	• écoutions la maitresse.
Ils •	

2 **Ajoute** les terminaisons de l'imparfait aux verbes.

Vous ét........... malheureux. ....

Les enfants av........... du travail. ....

J'ét........... Souvent malade. ....

Tu av........... peur. ....

Nous av........... un doudou. ....

3 **Complète** avec le pronom qui convient. **Recopie** les phrases.

Tu – Il – Nous

.... dessinions avec des gros feutres.

....

.... arrosait les plantes tous les jours.

....

.... donnais à manger aux poissons tous les matins.

....

Fiche 59++

L'imparfait des verbes : *être* et *avoir*, 1er groupe

1 **Complète** chaque phrase avec le pronom qui convient.

Il *ou* Elle – Nous – Vous – Ils *ou* Elles

.... étalait le mélange.

.... posaient un disque sur l'autre.

.... collions les bords.

.... découpiez un loup.

Souligne les verbes et **entoure** leur terminaison.

2 **Récris** chaque phrase avec le sujet proposé.

Le roi habitait dans un château.

Les rois ....

Tu marchais à quatre pattes.

Je ....

Nous tombions souvent.

Vous ....

Tu jouais toujours au ballon.

Zoé ....

3 **Conjugue** les verbes à l'imparfait.

travailler : Tu .... beaucoup le soir.

être : Les castors .... toujours dans l'eau.

danser : Nous .... le jour de la distribution des prix.

bricoler : Vous .... souvent.

avoir : Ma mère .... toujours des lunettes de soleil.

Des groupes nominaux (8)

1 **Recopie** les groupes nominaux dans la bonne colonne.

un saladier – la fée – une galette – la minute – un pinceau – le repas

masculin	féminin

2 **Recopie** les groupes nominaux dans la bonne colonne.

des fourchettes – le four – les minutes – un appareil – le beurre – des œufs

singulier	pluriel

3 **Entoure** les noms féminins.

des galettes – des fées – des pinceaux – les minutes – les saladiers

4 **Recopie** chaque groupe nominal sans le mot en gras.
Entoure le déterminant et **souligne** le nom.

une **jolie** fée – un **bon** gâteau – un fil **solide** – une galette **dorée** – un œuf **frais**

Des groupes nominaux (8)

1 **Recopie** les groupes nominaux dans la bonne colonne.

des ailes – tes personnages – la colle – les cils – des perles – la peinture – le bord – des feutres – des œufs – une minute

masculin	féminin

Puis **recopie**-les dans ces colonnes.

singulier	pluriel

2 **Entoure** les déterminants et les noms.
Recopie chaque groupe nominal sans le mot qui n'est pas entouré.

un bon repas – un chapeau rouge – un loup méchant – une souris grise – un voyageur fatigué – une pomme verte une cerise rouge – des raisins secs – un saladier profond

Fiche 61+

Fabriquer un mobile

1 **Complète** la réponse à chaque question.

- À quoi sert le petit cône de papier doré ?
Le petit cône de papier doré sert à faire ....

- Avec quoi sont faites les ailes ?
Les ailes sont faites avec du ....

- En quoi sont faits les bras ?
Les bras sont faits avec du ....

- À quoi sert le cône de papier bleu ?
Le cône de papier bleu sert à faire ....

2 **Recopie** la phrase qui indique comment faire les yeux.

....

....

3 **Remplace** les mots en gras par le mot employé dans le texte.

Demande à un adulte de t'aider à **attacher avec des agrafes** les ailes sur le dos.

Demande à un adulte de t'aider à .... les ailes sur le dos.

4 **Écris** qui est désigné par le pronom en gras.

le mobile – le cône

Forme un cône et ferme-**le** avec de la colle. le : ....

5 **Écris** *Vrai* ou *Faux*.

Pour le mobile, il faut plusieurs fées et des lutins. ....

Il faut accrocher les lutins et les fées à la lune. ....

On dessine la bouche avec un feutre noir. ....

Fiche 61++

Fabriquer un mobile

1 **Réponds** à chaque question en écrivant une phrase.

À quoi sert le petit cône de papier doré ?

....

Avec quoi sont faits les yeux ? ....

Avec quoi sont faites les ailes ? ....

....

En quoi sont faits les bras ? ....

À quoi sert le cône de papier bleu ? ....

....

2 **Remplace** les mots en gras par les mots employés dans le texte.

- Dessine **une forme arrondie en bas et pointue en haut**.
Dessine un ....

- Demande à un adulte de t'aider à **attacher avec des agrafes** les ailes sur le dos.
Demande à un adulte de t'aider à .... les ailes sur le dos.

- **Chiffonne** la bande de papier bleu.
.... la bande de papier bleu.

3 **Relie** chaque pronom en gras à ce qu'il désigne.

Forme un cône et ferme-**le** avec de la colle. •	• la pointe du cône
Roule en torsade la pointe du cône pour **la** rentrer dans la tête. •	• le cône

Fiche 62+

Des verbes pour *faire*

1 **Lis** ces mots et **recopie**-les dans l'ordre alphabétique.

apporter - pendant - place - galette

....

2 **Remplace** chaque groupe de mots en gras par le verbe qui convient.

décores - colles - agrafes - agrandis

Tu **fais tenir** avec de la colle. Tu ....

Tu **attaches avec des agrafes**. Tu ....

Tu **fais des décorations**. Tu ....

Tu **rends plus grand**. Tu ....

3 **Complète** les phrases avec les verbes proposés.

accroches - fixes - plies - découpes

Pour les bras, tu .... une bande de papier aluminium.

Tu la .... au centre et tu la .... au niveau des ailes.

Tu .... tous tes personnages à la lune.

4 **Recopie** la phrase en remplaçant le verbe *faire* en gras par un verbe plus précis.

Tu **fais** les cils et la bouche avec un feutre vert.

....

Tu **fais** une couronne avec des ciseaux.

....

Fiche 62++

Des verbes pour *faire*

1 **Lis** ces mots et **recopie**-les dans l'ordre alphabétique.

apporter - pendant - place - galette - puis - mobile

....

....

2 **Recopie** chaque phrase avec le verbe proposé pour remplacer le verbe *mettre*.

verse - range - enfile - accroches

Tu **mets** ton manteau au porte-manteau.

....

Je **mets** la vaisselle dans le placard.

....

Elle **met** du lait dans son bol.

....

Il **met** un pull.

....

3 **Écris** le verbe qui peut remplacer le verbe *faire* dans chaque phrase.

construit - lave - fabrique - découpe - dessine - prépare

Il **fait** la vaisselle. ....

Tu **fais** le repas. ....

Alia **fait** un mobile. ....

Le petit cochon **fait** une maison en briques. ....

Avec ses ciseaux, elle **fait** une couronne. ....

Avec des feutres, elle **fait** un château. ....

Fiche 63+

Compléter une recette

1 **Recopie** au bon endroit les ingrédients et les ustensiles qu'il faut pour faire une salade de fruits comme la faisait autrefois Mamie Juliette.

un couteau - des pommes - des poires - un saladier - du sucre - une cuillère - un épluche-légume - du sucre vanillé - des pêches

ingrédients	ustensiles	récipient
....	....	....
....	....	....
....	....	....
....	....	....

Vérifie que tu n'as pas fait d'erreurs en copiant les mots.

2 **Complète** la recette.
Emploie les verbes *laver, éplucher, couper, ajouter*.
Écris-les à l'imparfait.

Titre ....

1. Mamie Juliette ....
2. Elle ....
3. Elle les coupait en morceaux dans ....
4. Elle ....

et elle mélangeait bien avec une ....

5. Elle laissait plusieurs heures dans un endroit frais.

Vérifie que tu as bien conjugué les verbes.

Fiche 63++

Compléter une recette

1 **Recopie** au bon endroit les ingrédients et les ustensiles qu'il faut pour faire une salade de fruits comme la faisait autrefois Mamie Juliette.

un couteau - des pommes - des poires - un saladier - une cuillère - du sucre - un épluche-légume - du sucre vanillé - des pêches

ingrédients	ustensiles	récipient
....	....	....
....	....	....
....	....	....
....	....	....

Vérifie que tu n'as pas fait d'erreurs en copiant les mots.

2 **Complète** la recette.
Emploie ces verbes à l'imparfait : *laver, éplucher, couper en morceaux, ajouter, mélanger, laisser au frais plusieurs heures*.

Titre ....

1. Mamie Juliette ....
2. Elle ....

....

3. ....
4. ....

....

5. ....

Vérifie que tu as bien conjugué les verbes et que tu as utilisé tous les ustensiles et le récipient.

Jouer à 1, 2, 3, soleil !

1 **Complète** la réponse à chaque question.

- Où est le guetteur ?
Le guetteur est ....
- Où sont les joueurs ?
Les joueurs sont ....
- Quelles paroles prononce le guetteur ?
Le guetteur dit : « .... ».
- Que fait le guetteur quand il prononce le mot *soleil* ?
Quand il prononce le mot *soleil*, le guetteur ....
- Quand le guetteur se retourne, que font les joueurs ?
Quand le guetteur se retourne, les joueurs ....

2 **Recopie** la phrase qui indique le but du jeu.

....

....

3 **Écris** qui est désigné par le pronom en gras.

le joueur – le guetteur

Si un joueur parvient à toucher le mur sans être surpris, **il** devient guetteur.

il : ....

4 **Écris** *Vrai* ou *Faux*.

On peut jouer à partir de 3 ans. ....

Il faut six joueurs et plus. ....

La ligne où sont les joueurs est à 8 mètres du mur. ....

Jouer à 1, 2, 3, soleil !

1 **Réponds** à chaque question en écrivant une phrase.

Où est le guetteur ? ....

Où sont les joueurs ? ....

Quelles paroles prononce le guetteur ?

....

Que fait le guetteur quand il prononce le mot *soleil* ?

....

Quand le guetteur se retourne, que font les joueurs ?

....

2 **Remplace** le mot en gras par le mot employé dans le texte.

Le guetteur doit changer **toujours** le rythme de ses paroles.

Le guetteur doit changer .... le rythme de ses paroles.

3 **Relie** chaque pronom en gras à ce qu'il désigne.

S'**il** surprend un joueur en mouvement, il l'oblige à retourner sur la ligne de départ. •	• le joueur
Si un joueur parvient à toucher le mur sans être surpris, **il** devient guetteur. •	• le guetteur

4 **Écris** *Vrai* ou *Faux*.

On peut jouer à partir de 3 ans. ....

Il faut six joueurs et plus. ....

Avec une craie, on trace la ligne où seront les joueurs. ....

La ligne où sont les joueurs est à 8 mètres du mur. ....

Fiche 65+

Le son [b] comme

1 **Nomme** les dessins. **Entoure** le dessin quand tu entends [b].

2 **Nomme** les dessins.
Entoure le point qui correspond à l'endroit où tu entends [b].

●●●● ●●●●● ●●●● ●●●●● ●●●●

3 **Lis** les mots. Puis **recopie**-les sur la bonne ligne.

beau/belle – bien – tomber – blanc – l'herbe – un bateau – un bras – un arbre

[b] est au **début du mot** :

....

....

[b] est **dans le mot** :

....

4 **Écris** les réponses aux devinettes.

Je suis un endroit où poussent des arbres : un ....

Je suis une couleur de cheveux, presque jaune : ....

Fiche 65++

Le son [b] comme

1 **Complète** chaque phrase avec le mot qui a servi à former le mot en gras.

Il prend le bébé dans ses .... et il l'**embrasse**.

Le linge est très ...., il est d'une **blancheur** éclatante.

Le prince est d'une grande **beauté**, il est très ....

2 **Écris** les mots incomplets en ajoutant *p* ou *b*.

tom♦er : ....

un ♦om♦ier : ....

un ♦ateau : ....

décou♦er : ....

l'her♦e : ....

♦ien : ....

3 **Recopie** les phrases en complétant les mots avec *pr* ou *br*.

Tom est monté dans un ar♦e, il a sali son pantalon ♦o♦e.

....

4 **Recopie** les phrases en complétant les mots avec *pl* ou *bl*.

Il ♦eut sur la ta♦e en ♦astique du jardin.

....

5 **Recopie** les quatre mots qui s'écrivent avec une lettre finale qui ne se prononce pas.

un bras – beaucoup – un baobab – blond – le bruit

....

Conjuguer au présent et à l'imparfait

1 **Recopie** les verbes avec leur sujet sur la bonne ligne.

Avant, **j'habitais** à la montagne.

Cette année, **tu manges** à la cantine.

En ce moment, **nous préparons** un gâteau.

Autrefois, **les élèves décoraient** la classe à chaque Noël.

À l'école maternelle, **vous chantiez** tous les jours.

Aujourd'hui, **le soleil brille**.

Les verbes sont conjugués au **présent** :

....

....

Les verbes sont conjugués à l'**imparfait** :

....

....

Entoure la terminaison de chaque verbe.

2 **Récris** les verbes à l'imparfait avec les sujets proposés.
Entoure la terminaison de chaque verbe.

Autrefois, tu jouais aux petites voitures.

Autrefois, Lisa .... aux petites voitures.

Avant, Mathis aimait le chocolat.

Avant, Mathis et Jules .... le chocolat.

Il y a longtemps, je grimpais partout.

Il y a longtemps, vous .... partout.

Conjuguer au présent et à l'imparfait

1 **Récris** chaque phrase avec le sujet proposé. Les verbes sont au présent.

Je mange. Vous ....

Le magasin ferme. Les magasins ....

Nous bavardons. Il ....

Elle travaille. Tu ....

Entoure la terminaison de chaque verbe.

2 **Récris** chaque phrase avec le sujet proposé. Les verbes sont à l'imparfait.

Je marchais. Nous ....

Le camion roulait. Les camions ....

Tu pensais. Vous ....

Elles rêvaient. Il ....

Entoure la terminaison de chaque verbe.

3 **Conjugue** les verbes au présent ou à l'imparfait.

- **chanter**

Avant, vous .... tous les jours.

Cette année, vous .... le jeudi.

- **pleurer**

Autrefois, je .... souvent.

Maintenant, je .... quand je tombe.

- **découper**

Quand ils étaient petits, les élèves .... mal.

Maintenant, les élèves .... bien.

Fiche 67+

La phrase

1 **Colorie** les majuscules et les points.

Lola joue au jeu de Pinocchio. Elle gagne. Louna perd.
Elle jette les dés par terre. La maitresse la gronde.

Recopie la troisième phrase.

....

2 **Souligne** les phrases qui sont des questions.

Lola raconte sa journée à ses parents.

Est-ce que vous connaissez ce jeu ?

Louna ne veut pas perdre.

Est-ce que vous êtes bon joueur ?

3 **Recopie** la phrase terminée par un point d'exclamation.

Lola gagne trois fois de suite. Elle adore ce jeu !

....

4 **Relie** *de qui on parle* et *ce qu'on en dit*.

Lola •	• jette les dés par terre.
La maitresse •	• la gronde.
Louna •	• gagne.

5 **Recopie** la phrase négative de l'exercice 2.

....

Fiche 67++

La phrase

1 **Lis** ce texte

Lola raconte sa journée à ses parents.
– J'ai joué au jeu de Pinocchio. Est-ce que vous connaissez ce jeu ?
J'ai gagné trois fois de suite. J'adore ce jeu ! Louna ne voulait pas perdre. Elle a jeté les dés par terre. La maitresse l'a grondée.
Alors Louna a boudé.

Indique le nombre de phrases : ....

Recopie la phrase négative.

....

Récris-la à la forme affirmative.

....

Recopie la phrase interrogative.

....

Recopie la phrase terminée par un point d'exclamation.

....

2 **Entoure** *de qui on parle* et *ce qu'on en dit* dans ces phrases.

Lola raconte sa journée à ses parents.

Louna ne voulait pas perdre.

Elle a jeté les dés par terre.

La maitresse l'a grondée.

Jouer au jeu de Pinocchio

1 **Complète** la réponse à chaque question.

- Quel matériel faut-il pour jouer au jeu de Pinocchio ?
Pour jouer au jeu de Pinocchio, il faut ....

....

- Combien y a-t-il de parties à dessiner pour faire son Pinocchio ?
Pour faire son Pinocchio, il y a ....
- Que faut-il faire pour avoir le droit de dessiner le chapeau ?
Pour avoir le droit de dessiner le chapeau, il faut faire ....
- Quand on a un 9 et que le corps a déjà été dessiné, que fait-on ?
Quand on a un 9 et que le corps a déjà été dessiné, on ....

....

- Quand on obtient 12 avec les dés, que fait-on ?
Quand on obtient 12 avec les dés, on ....

2 **Recopie** la phrase qui indique ce qu'il faut faire pour gagner la partie.

....

....

3 **Écris** *Vrai* ou *Faux*.

On peut jouer au jeu de Pinocchio tout seul. ....

On peut jouer au jeu de Pinocchio à partir de 7 ans. ....

Si on fait 2 et que l'on a déjà dessiné le nez, on passe son tour. ....

Jouer au jeu de Pinocchio

1 **Réponds** à chaque question en écrivant une phrase.

Quel matériel faut-il pour jouer au jeu de Pinocchio ?

....

Combien y a-t-il de parties à dessiner pour terminer son Pinocchio ?

....

Que faut-il faire pour avoir le droit de dessiner le chapeau ?

....

Quand on a un 9 et que le corps a déjà été dessiné, que fait-on ?

....

Quand on obtient 12 avec les dés, que fait-on ?

....

2 **Remplace** les mots en gras par le mot employé dans le texte.

Il faut obtenir un 9 qui correspond au **haut du corps entre le cou et le ventre** du pantin.

Il faut obtenir un 9 qui correspond au .... du pantin.

3 **Écris** *Vrai* ou *Faux*.

On peut jouer au jeu de Pinocchio tout seul. ....

On peut jouer au jeu de Pinocchio à partir de 7 ans. ....

Pour dessiner les yeux, il faut faire 3, deux fois. ....

Si on fait 2 et que l'on a déjà dessiné le nez, on passe son tour. ....

Utiliser le dictionnaire (3)

1 **Observe** l'article de dictionnaire.

> **orner** verbe
> Orner, c'est rendre plus beau.
> *De jolis posters ornent les murs de la chambre d'Anna.*
> ■ Tu peux dire aussi **décorer**.

Écris le verbe qui est défini.

....

Recopie la phrase exemple.

....

....

Écris le mot qui a le même sens que le verbe défini.

....

2 **Relie** le mot à la phrase exemple qui convient.

bondir •	• Pour faire de la vinaigrette, on mélange de l'huile et du vinaigre.
mélanger •	• Le lion a bondi sur la gazelle.
agrafer •	• Papi épluche des pommes de terre.
éplucher •	• Le maitre agrafe deux feuilles de papier.

Utiliser le dictionnaire (3)

1 **Observe** l'article de dictionnaire.

> **sortir** verbe
> 1. Sortir, c'est aller dehors. *Tristan est sorti dans le jardin. Les enfants sortent de l'école à 4 heures et demie.*
> 2. Sortir, c'est enlever d'un endroit. *Maman sort son manteau du placard.*
> ■ Le contraire de sortir, c'est **entrer**, **rentrer**.

Indique la nature du mot défini.

....

Recopie une des phrases exemples pour le sens 1.

....

Recopie la phrase exemple pour le sens 2.

....

Écris les mots qui sont les contraires de sortir.

....

2 **Écris** chaque mot devant sa définition.

partie - dé - ligne - corps

.... : ensemble formé par la tête, le tronc, les bras et les jambes.

.... : petit cube avec des points sur chaque face.

.... : un trait long et fin.

.... : la durée d'un jeu.

Choisis un mot et **écris** une phrase exemple pour ce mot.

....

....

Fiche 70+

Compléter une règle de jeu

1 **Lis** ces informations sur le jeu de la Bataille. Puis **écris**-les à leur place.

un jeu 32 cartes – 2 joueurs – ramasser toutes les cartes – à partir de 7 ans

Nombre de joueurs : .... Âge : ....

Matériel : ....

But du jeu : ....

Vérifie que tu n'as pas fait d'erreurs en copiant les mots.

2 **Complète** l'explication du jeu avec les informations suivantes.

celui qui a la carte la plus forte – celui qui a toutes les cartes du jeu

1. Distribuer toutes les cartes aux joueurs. Chaque joueur les pose devant lui, face cachée, sans les regarder.

2. Les deux joueurs retournent en même temps la première carte de leur paquet ; ....
ramasse les deux cartes. Il les met sous son paquet.

3. Si les deux joueurs retournent une carte de même valeur, chaque joueur pose une deuxième carte sur la première, face cachée, puis chacun pose une troisième carte, face visible.
Celui qui a la carte la plus forte remporte toutes les cartes posées.

4. Celui qui gagne est ....
....

Vérifie que tu as bien écrit les groupes de mots à leur place.

Fiche 70++

Compléter une règle de jeu

1 **Lis** ces informations sur le jeu de la Bataille. Puis **écris**-les à leur place.

un jeu 32 cartes – 2 joueurs – ramasser toutes les cartes – à partir de 7 ans

Nombre de joueurs : .... Âge : ....

Matériel : ....

But du jeu : ....

Vérifie que tu n'as pas fait d'erreurs en copiant les mots.

2 **Complète** l'explication du jeu avec les informations suivantes.

remporte toutes les cartes posées – celui qui a la carte la plus forte – celui qui a toutes les cartes du jeu – toutes les cartes aux joueurs

1. Distribuer ....
Chaque joueur les pose devant lui, face cachée, sans les regarder.

2. Les deux joueurs retournent en même temps la première carte de leur paquet ; ....
ramasse les deux cartes. Il les met sous son paquet.

3. Si les deux joueurs retournent une carte de même valeur, chaque joueur pose une deuxième carte sur la première, face cachée, puis pose une troisième carte, face visible.
Celui qui a la carte la plus forte ....
....

4. Celui qui gagne est ....
....

Vérifie que tu as bien écrit les groupes de mots à leur place.

Fiche 71+

Les 9 vies d'Aristote (1)

1 **Complète** les phrases avec les mots suivants.

petite – gentille – noir – étrange – blanc – vieille

Aristote est un chat .... qui est devenu ....
en dégringolant dans la cheminée.

Bella Donna est une .... sorcière.

Bella Donna habite dans une .... et ....
.... maison.

2 **Recopie** la phrase qui indique qu'Aristote a neuf vies.

....

....

3 **Remplace** le mot en gras par le mot employé dans le texte.

Aristote est **tombé** dans la cheminée.

Aristote a .... dans la cheminée.

4 **Écris** qui est désigné par le pronom en gras.

Il se dit qu'il aimerait bien monter sur le toit.

Il : ....

5 **Écris** *Vrai* ou *Faux*.

La sorcière est habillée tout en noir. ....

Bella Donna habite une belle et grande maison. ....

Bella Donna est une jeune et belle sorcière. ....

Bella Donna est une sorcière gentille. ....

Fiche 71++

Les 9 vies d'Aristote (1)

1 **Réponds** à chaque question en écrivant une phrase.

- Chez qui Aristote va-t-il vivre ? ....
- Quelles bêtises a faites Aristote ?

....

- Que décide de faire Aristote le jour de son arrivée chez la sorcière ? ....

2 **Remplace** les mots en gras par les mots employés dans le texte.

- Aristote est **tombé** dans la cheminée.

Aristote a .... dans la cheminée.

- Bella Donna, la gentille sorcière, **ne sait plus quoi faire**.

Bella Donna, la gentille sorcière, ...

- Aristote accumule les **malheurs**.

Aristote accumule les ....

3 **Écris** qui est désigné par chaque pronom en gras.

C'est **elle** qui baptisa son nouveau chaton Aristote.

elle : ....

Il se dit qu'il aimerait bien monter sur le toit.

Il : ....

4 **Écris** *Vrai* ou *Faux*.

La sorcière est habillée tout en noir. ....

Bella Donna habite une belle et grande maison. ....

La sorcière aimerait que son chaton soit moins turbulent. ....

1 **Nomme** les dessins.
Entoure le dessin quand tu entends [ʃ].

2 **Nomme** les dessins.
Entoure le point qui correspond à l'endroit où tu entends [ʃ].

●●●● ●●● ●●●● ●●●● ●●●●

3 **Lis** les mots. Puis **recopie**-les sur la bonne ligne.

chaud - le dimanche - une branche - des cheveux - un chat - acheter - chercher - un champ

[ʃ] est au **début du mot** :

....

....

[ʃ] est **dans le mot** :

....

4 **Écris** les réponses aux devinettes.

Je suis la pièce où l'on dort : la ....

Je suis fabriqué avec du cacao et du sucre : le ....

Je suis entre le nez et le menton : la ....

1 **Écris** deux verbes appris à partir de ces étiquettes.

| a | cher | ter | che | cher |

....

2 **Écris** les mots incomplets en ajoutant *f*, *s* ou *ch*.

le diman♦e : ....

la ♦umée : ....

le ca♦tor : ....

des ♦eveux : ....

3 **Complète** chaque phrase avec l'un des mots proposés.

sous / chou : Le chat est .... la table.
La chenille mangera le ....

tasse / tache : J'ai fait une .... à ma chemise.
La .... est cassée.

sien / chien : Vous avez un beau .... blanc.
Nous avons un chat, le mien est noir,
le .... est roux.

4 **Complète** avec un mot appris.

Les .... de l'arbre sont hautes.

5 **Recopie** les quatre mots qui s'écrivent avec une lettre finale qui ne se prononce pas.

chaud - un chat - un champ - un mouchoir - marchand - un cheval

....

Fiche 73+

La relation sujet-verbe au futur (1)

1 **Souligne** les verbes qui changent quand on écrit le texte au futur.

Aristote quitte maman chatte.
Il arrive dans la maison de la sorcière.
Il visite toutes les pièces.
Il regarde partout.
Puis il monte sur le toit.

Aristote quittera maman chatte.
Il arrivera dans la maison de la sorcière.
Il visitera toutes les pièces.
Il regardera partout.
Puis il montera sur le toit.

2 **Complète** chaque phrase avec le verbe au futur.

quitt**e** / quitt**era**
Aristote .... maman chatte.

regard**era** / regard**e**
Il .... partout.

mont**e** / mont**era**
Puis il .... sur le toit.

3 **Écris** ces phrases au futur. Attention ! Le verbe souligné change.

Le chaton <u>arrive</u> dans la maison de la sorcière.
....

Il <u>visite</u> toutes les pièces.
....

Fiche 73++

La relation sujet-verbe au futur (1)

1 **Récris** le texte au futur. Les verbes soulignés changent.

Aristote <u>quitte</u> maman chatte.
Il <u>arrive</u> dans la maison de la sorcière.
Il <u>entre</u> dans la cuisine.
Il <u>regarde</u> partout.
Puis il <u>monte</u> sur le toit.
....
....
....
....
....

Écris l'infinitif des verbes conjugués : ....
....

2 **Écris** l'infinitif des verbes soulignés. Puis **écris** les phrases au futur.

La fermière <u>donne</u> un chaton à la sorcière. ....
....

Maman chatte <u>regarde</u> son petit partir. ....
....

Le chaton observe la maison de la sorcière. ....
....

Fiche 74+

Des groupes nominaux (9)

1 **Recopie** les groupes nominaux dans la bonne colonne.

la sorcière – le lierre – la maison – un jardin – le chaton – une vie

masculin	féminin
....	....
....	....
....	....

2 **Recopie** les groupes nominaux dans la bonne colonne.

les sorcières – les cheveux – les maisons – la patte –
les chatons – le feu – une plante – les jardins

singulier	pluriel
....	....
....	....
....	....
....	....
....	....

Entoure les groupes nominaux masculins dans les deux colonnes.

3 **Recopie** chaque groupe nominal sans le mot en gras.
Entoure le déterminant et **souligne** le nom.

une **gentille** sorcière – une cheminée **sale** –
des pattes **propres** – un chaton **noir** – une **vieille** dame

....

....

Fiche 74++

Des groupes nominaux (9)

1 **Recopie** les groupes nominaux dans la bonne colonne.

un bouquet – des oreilles – une valise – la branche –
un dimanche – des cheveux – l'arbre – les graines – les avions

masculin	féminin
....	....
....	....
....	....
....	....
....	....

Puis **recopie**-les dans ces colonnes.

singulier	pluriel
....	....
....	....
....	....
....	....
....	....

2 **Recopie** chaque groupe nominal en ajoutant un des mots ci-dessous.
Il y a plusieurs possibilités.

pointu – vert – pleine – court – vieille – gentil

une voiture – un bébé – un crayon – un pull – une bouteille –
un pantalon

....

....

....

Fiche 75+

Les 9 vies d'Aristote (2)

1 **Complète** les phrases avec les mots suivants.

cheminée - lierre - chaume - toit

Aristote escalade le .... qui grimpe sur le mur et

il arrive sur le .... de ....

Il marche jusqu'à la ....

2 **Recopie** le conseil que Bella Donna donne à Aristote pour qu'il devienne un chat un jour.

....

....

3 **Remplace** le groupe de mots en gras par le mot employé dans le texte.

Comme tous les chats, Aristote est un chaton **qui a envie de tout voir**.

Comme tous les chats, Aristote est un chaton ....

4 **Écris** qui est désigné par le pronom en gras.

Bella Donna dit :
Une chance que la cheminée était sale ou **tu** aurais brûlé vif.

tu : ....

5 **Écris** *Vrai* ou *Faux*.

Bella Donna a allumé un feu dans la cheminée. ....

La suie éteint le feu. ....

Le chaton blanc est devenu tout noir. ....

Le chaton devenu tout noir a encore ses neuf vies. ....

Fiche 75++

Les 9 vies d'Aristote (2)

1 **Remplace** les mots en gras par les mots employés dans le texte.

- Le toit était en **paille**.

Le toit était en ....

- Aristote escalade la **plante** qui grimpe sur le mur de la maison.

Aristote escalade le .... qui grimpe sur le mur de la maison.

- Comme tous les chats, Aristote est un chaton **qui a envie de tout voir**.

Comme tous les chats, Aristote est un chaton ....

2 **Indique** *qui parle* et *à qui*.

Une chance que la cheminée était sale ou tu aurais brûlé vif.

.... parle à ....

3 **Lis** ce texte qui résume l'aventure d'Aristote.
Barre la phrase qui ne fait pas partie de l'histoire.

Aristote grimpe sur le toit de la maison. Il explore la cave. Il se penche pour regarder dans la cheminée. Il perd l'équilibre et tombe. Bella Donna voit un nuage de suie éteindre le feu puis elle voit arriver un chaton tout noir.

4 **Écris** *Vrai* ou *Faux*.

Bella Donna a allumé un feu dans la cheminée. ....

Le chaton blanc est devenu tout noir. ....

Le chaton devenu tout noir a encore ses neuf vies. ....

Bella Donna aime bien Aristote. ....

Des mots pour parler d'un personnage (1)

1 **Lis** ces mots et **recopie**-les dans l'ordre alphabétique.

éternuer - acheter - chaud - ennuyer

....

2 **Relie** les adjectifs qui ont le même sens.

frisés •	• âgée
grand •	• drôle
mince •	• bouclés
bizarre •	• maigre
vieille •	• long

3 **Complète** avec des mots contraires.

allongé - grosse - laide - crochu

- La sorcière a un nez droit. La sorcière a un nez ....
- La sorcière est jolie. La sorcière est ....
- Elle a un visage rond. Elle a un visage ....
- Elle est maigre. Elle est ....

4 **Recopie** la phrase en remplaçant l'adjectif en gras par un adjectif de même sens.

La sorcière est une dame **âgée**.

....

Des mots pour parler d'un personnage (1)

1 **Lis** ces mots et **recopie**-les dans l'ordre alphabétique.

éternuer - piège - phare - acheter - chaud - ennuyer

....

....

2 **Remplace** l'adjectif *vieux* par les adjectifs *ancien* ou *âgé*.

Cet homme est vieux. Cet homme est ....

Le meuble est vieux. Le meuble est ....

3 **Remplace** l'adjectif *vieux* par son contraire : *jeune* ou *neuf*.

Cet homme est vieux. Cet homme est ....

Le meuble est vieux. Le meuble est ....

4 **Relie** chaque mot à sa définition.

crochu •	• qui a la forme d'un cercle ou d'une boule
pointu •	• qui se termine en pointe
étrange •	• qui est recourbé
rond •	• qui est bizarre

5 **Recopie** les phrases en remplaçant chaque adjectif en gras par son contraire. Tu peux utiliser le mémo.

Tom est **gros**. ....

Mes cheveux sont **bouclés**. ....

Cet animal est **laid**. ....

Son manteau est **long**. ....

Cette fillette est **grande**. ....

Fiche 77+

Écrire un portrait (1)

1 **Lis** ces informations sur le portrait d'un clown.

- **Aspect physique :** des cheveux frisés - un gros nez rouge - une large bouche rouge - des yeux bleus - un pantalon trop large - des chaussures immenses - un chapeau rond.
- **Où il travaille :** dans un cirque

2 **Dessine** ce clown.
Donne-lui un nom :
....

3 Puis **écris** son portrait. **Complète** la phrase de présentation.

.... est un ....

Écris deux phrases sur son aspect physique.

Emploie le verbe *avoir* et le verbe *porter* au présent.

Il a .... , ...

.... et ....

Il .... , ...

.... et ....

Écris une phrase pour dire où il travaille.

....

Vérifie que tu as bien conjugué les verbes et que tu as mis les majuscules et les points.

Fiche 77++

Écrire un portrait (1)

1 **Lis** ces informations sur le portrait d'un clown.

- **Aspect physique :** cheveux frisés - gros nez rouge - yeux bleus ronds comme des ballons - large bouche rouge - pantalon trop large - chaussures immenses - chapeau rond avec une fleur.
- **Où il travaille :** dans un cirque

2 **Dessine** ce clown. Tu peux changer ou ajouter d'autres détails.
Donne-lui un nom : ....

3 Puis **écris** son portrait. **Complète** la phrase de présentation.

.... est un ....

Écris trois ou quatre phrases sur son aspect physique.

Pense à écrire les détails que tu as ajoutés.

Emploie le verbe *avoir* et le verbe *porter* au présent.

Il a ....

....

....

....

Écris une phrase pour dire où il travaille.

....

Vérifie que tu as bien conjugué les verbes, que tu as mis les majuscules et les points et que tu as bien écrit l'énumération.

Fiche 78+

Les 9 vies d'Aristote (3)

1 **Complète** les réponses aux questions.

- Qu'y a-t-il dans la soupe que la sorcière a donnée à Aristote ?

Dans la soupe que la sorcière a donnée à Aristote, il y a un mélange ....

....

- Comment a-t-il trouvé cette soupe ?

Il a trouvé cette soupe ....

2 **Recopie** la phrase qui indique ce qu'Aristote fait juste après avoir mangé sa soupe.

....

....

3 **Remplace** les mots en gras par le mot employé dans le texte.

Il la trouva **très bonne**.

Il la trouva ....

4 **Écris** qui est désigné par chaque pronom en gras.

Il ne savait pas où **elle** était allée. elle : ....

Elle était remplie de lait. Elle : ....

5 **Écris** *Vrai* ou *Faux*.

Aristote n'a pas aimé la soupe. ....

Bella Donna est partie avec son balai. ....

Aristote a très soif quand il se réveille. ....

Aristote a fait un repas copieux. ....

Fiche 78++

Les 9 vies d'Aristote (3)

1 **Remplace** les mots en gras par les mots employés dans le texte.

- Il la trouva **très bonne**.

Il la trouva ....

- Bella Donna nettoya sa maison puis savonna Aristote dans une bassine et le **lava pour enlever le savon**.

Bella Donna nettoya sa maison puis savonna Aristote dans une bassine et le ....

2 **Écris** qui est désigné par les pronoms en gras.

Bella Donna dit : **Il la** trouva délicieuse.

Il : .... la : ....

Puis **récris** la phrase en remplaçant les pronoms par l'animal ou la chose désignée.

....

3 **Relie** les pronoms à ce qu'ils désignent.

Il était seul. •	• Bella Donna
Il ne savait pas où **elle** était allée. •	• Aristote
Il vit une grande cruche sur la table. •	• la cruche
Elle était remplie de lait. •	

4 **Réponds** aux questions en écrivant des phrases.

Qu'y a-t-il dans la soupe que la sorcière a donnée à Aristote ?

....

....

Comment a-t-il trouvé cette soupe ?

....

Fiche 79+

Le son [ʒ] comme 

1 **Nomme** les dessins. **Entoure** le dessin quand tu entends [ʒ].

2 **Nomme** les dessins.
Entoure le point qui correspond à l'endroit où tu entends [ʒ].

3 **Lis** les mots. Puis **recopie**-les sur la bonne ligne.

le genou – (une) orange – jaune – ranger – une joue – gentil – joyeux – joli

[ʒ] s'écrit **g** :

....

[ʒ] s'écrit **j** :

....

4 **Écris** les réponses aux devinettes.

Je suis le contraire de *vieux* : ....

Je suis le quatrième jour de la semaine : ....

Je suis un animal avec un long cou : la ....

Fiche 79++

Le son [ʒ] comme 

1 **Écris** un nom et un verbe appris à partir de ces étiquettes.

ge | ger | ran | nou

....

2 **Recopie** les phrases en complétant les mots avec *g* ou *ge*.

L'oiseau ira man◆er dans sa man◆oire.

....

Le poisson a une grande na◆oire sur le dos, c'est un bon na◆eur.

....

Enzo plon◆era et son plon◆on sera réussi.

....

L'oran◆ade est faite avec des oran◆es.

....

Nous aimons les voya◆es, nous voya◆ons souvent.

....

3 **Écris** les mots qui sont incomplets en ajoutant *j* ou *g*.

◆oli : .... une ◆irafe : ....

du froma◆e : .... une ◆ambe : ....

◆amais : .... ◆aune : ....

4 **Recopie** les quatre mots qui s'écrivent avec une lettre finale qui ne se prononce pas.

une joue – gentil – joyeux – joli – un géant – un jour – la joie

....

La relation sujet-verbe au futur (2)

1 **Souligne** les verbes qui changent quand on écrit le texte au futur.

Je mange une viande délicieuse.
Puis je suis seul à la maison.
Je cherche à boire.
Je trouve une cruche.

Je mangerai une viande délicieuse.
Puis je serai seul à la maison.
Je chercherai à boire.
Je trouverai une cruche.

2 **Complète** chaque phrase avec le verbe au futur.

mang**erai** / mang**e**
Je .... une viande délicieuse.

suis / ser**ai**
Puis je .... seul à la maison.

trouv**erai** / trouv**e**
Je .... à boire.

3 **Écris** ces phrases au futur. Attention ! Le verbe souligné change.

J'ai soif.
....

Je monte sur la table.
....

La relation sujet-verbe au futur (2)

1 **Récris** le texte au futur. Les verbes soulignés changent.

Je mange une viande délicieuse.
La sorcière me laisse seul.
Je suis près du feu.
Je cherche à boire.
Je monte sur la table.
Je trouve une cruche.

....
....
....
....
....
....

Écris l'infinitif des verbes conjugués : ....
....

2 **Écris** l'infinitif des verbes soulignés. Puis **écris** les phrases au futur.

J'entre dans la classe. ....
....

J'ai un sac neuf. ....
....

Je regarde le tableau. ....
....

Fiche 81+

L'adjectif

1 **Recopie** les groupes nominaux sans les adjectifs.

une petite maison : ....

le chaton blanc : ....

la vieille sorcière : ....

des feuilles vertes : ....

un chien attaché : ....

un grand fauteuil : ....

2 **Complète** chaque groupe nominal avec un adjectif.

amusant - pointue - rond - blonds - turbulent

un chaton ....

une flèche ....

un jeu ....

des cheveux ....

un ballon ....

3 **Souligne** les adjectifs. Puis **recopie**-les.

une peau épaisse - des griffes pointues

un nuage blanc - un ogre méchant

un train rapide - un beau cheval

....

....

....

Fiche 81++

L'adjectif

1 **Recopie** les phrases en supprimant les adjectifs des groupes nominaux en gras.

Le chat blanc tombe **du toit glissant**.

....

La grande cruche est sur **la petite table**.

....

La gentille sorcière range **son balai neuf** dans un coin.

....

2 **Complète** chaque phrase en remplaçant l'adjectif en gras par un adjectif contraire.

propre - courte - fine

L'éléphant a une peau **épaisse**, le dauphin une peau ....

Le renard a une queue **longue**, le lapin une queue ....

Aristote a un pelage **sale**. Après le bain, il a un pelage ....

3 **Lis** ces groupes nominaux et **recopie** les adjectifs.

un grand cheval - un âne têtu - une voiture rapide -
un poisson rouge - un livre amusant

....

4 **Entoure** le mot de chaque colonne qui n'est pas un adjectif.

chat	neuf	plein
ancien	propre	ensuite
gentil	danser	mouillé
lourd	jaune	brillant

Les 9 vies d'Aristote (4)

1 **Complète** les réponses aux questions.

- À quelle heure Bella Donna rentre-t-elle chez elle ?

Bella Donna rentre chez elle ....

- Comment Aristote sait-il que le liquide de la cruche est délicieux ?

Aristote sait que le liquide est délicieux car il ....

....

2 **Recopie** la phrase qui indique ce que Bella Donna fait pour laver Aristote.

....

....

3 **Remplace** les mots en gras par le mot employé dans le texte.

Sa langue lui apprit que c'était **très bon**.

Sa langue lui apprit que c'était ....

4 **Écris** qui est désigné par les pronoms en gras.

Elle ouvrit la porte de la cuisine. Elle : ....

Il retira sa patte. Il : ....

5 **Écris** *Vrai* ou *Faux*.

Aristote a beaucoup aimé le liquide de la cruche. ....

Bella Donna est rentrée à midi. ....

Aristote a son pelage plein de lait. ....

Aristote est content sous la cruche. ....

Les 9 vies d'Aristote (4)

1 **Remplace** les mots en gras par les mots employés dans le texte.

- Il **mit** une patte dans la cruche.

Il .... une patte dans la cruche.

- Sa langue lui apprit que c'était **très bon**.

Sa langue lui apprit que c'était ....

- Il se mit à boire **très vite**. Il se mit à boire ....

- Elle finit par **tomber** et se retourner sur lui.

Elle finit par .... et se retourner sur lui.

2 **Écris** qui est désigné par les pronoms en gras.

Il retira sa patte. Il : ....

Elle finit par basculer et se retourner sur **lui**.

Elle : .... lui : ....

Elle ouvrit la porte de la cuisine. Elle : ....

Elle le sécha. Elle : .... le : ....

Recopie la dernière phrase en remplaçant les mots en gras par la personne ou l'animal désigné.

....

3 **Écris** ce qui permet à Bella Donna de voir clair dans son étrange vieille petite maison.

À la lueur mourante du feu, elle vit que sa grande cruche en terre cuite était retournée au milieu de la table de la cuisine. Une bougie à la main, elle souleva la cruche.

Ce qui permet à Bella Donna de voir clair c'est le .... dans la cheminée et une ....

Des mots pour parler d'un personnage (2)

1 **Lis** ces mots et **recopie**-les dans l'ordre alphabétique.

genou – joli – gentil – ranger

....

2 **Relie** les adjectifs de sens contraire.

méchante •	• imprudent
turbulent •	• calme
heureux •	• gentille
prudent •	• malheureux

3 **Complète** chaque phrase avec l'adjectif qui convient.

imprudent – gourmand – sage – peureux – turbulent

- Aristote est un chaton terrible.

Aristote est ....

- Aristote a peur de tout.

Aristote est ....

- Aristote ne fait pas attention au danger.

Aristote est ....

- Aristote ne fait plus de bêtises.

Aristote est ....

- Aristote aime la bonne viande.

Aristote est ....

4 **Recopie** la phrase en remplaçant l'adjectif en gras par un adjectif de sens contraire.

Bella Donna est une sorcière **méchante**.

....

Des mots pour parler d'un personnage (2)

1 **Lis** ces mots et **recopie**-les dans l'ordre alphabétique.

genou – joli – gentil – ranger – joyeux – jaune

....

....

2 **Recopie** les phrases en remplaçant l'adjectif en gras par son contraire.

Amir est un garçon **sage**.

....

Le chaton est **malheureux**.

....

3 **Relie** chaque mot à sa définition.

courageux •	• qui n'ose pas parler ni faire des choses
curieux •	• qui fait des choses difficiles sans avoir peur
malheureux •	• qui veut tout voir, tout savoir
timide •	• qui n'est pas heureux

4 **Complète** les phrases avec l'adjectif qui convient. Tu peux utiliser le mémo.

Cet animal a peur de tout. Il est ....

Lina n'est pas prudente, elle est ....

Aristote aime manger de bonnes choses, il est ....

Ce chien mord tout le monde, il est ....

Bloqué dans la cruche, Aristote est ....

Écrire un portrait (2)

1 **Lis** ces informations qui vont t'aider à compléter le portrait du clown que tu as dessiné fiche 77.

rigolo – joyeux – une trompette – un petit vélo à une roue – de l'eau sort de la trompette – le vélo se casse – son pantalon trop large

2 **Écris** la phrase qui présente le clown. **Commence** en écrivant le nom que tu lui as donné.

.... est un clown ....

et ....

Complète la phrase.

Comme tous les clowns, il a ....

et ....

3 **Complète** le texte avec les informations données dans l'activité 1 et avec les verbes *jouer, monter, tomber* au présent.

Le clown .... de la musique mais ....

....

Il .... sur son vélo mais il .... car

....

Il perd .... et tous les enfants rient.

Vérifie que tu as bien conjugué les verbes au présent.

Écrire un portrait (2)

1 **Lis** ces informations qui vont t'aider à compléter le portrait du clown que tu as dessiné fiche 77.

rigolo – joyeux – une trompette – un petit vélo à une roue – fait des bêtises – de l'eau sort de la trompette – le vélo se casse – son pantalon trop large – les enfants rient

2 **Écris** la phrase qui présente le clown. **Commence** en écrivant le nom que tu lui as donné.

.... est un clown ....

et ....

Complète la phrase.

Comme tous les clowns, il a ....

et ....

3 **Écris** plusieurs phrases pour dire ce que fait le clown pour faire rire le public. Tu peux t'aider des informations données ou en imaginer d'autres. **Emploie** les verbes *jouer, monter, tomber* et d'autres verbes au présent.

....

....

....

....

....

....

Vérifie que tu as bien conjugué les verbes et que tu as mis les majuscules et les points.

Fiche 85+

Les 9 vies d'Aristote (5)

1 Complète les réponses aux questions.

- Qu'est-ce qui a fait basculer Aristote dans le vide ?

C'est le .... qui a fait basculer Aristote dans le vide.

- Combien Aristote a-t-il perdu de vies avec cette aventure dans l'arbre ?

Avec cette aventure dans l'arbre, Aristote a perdu ....

2 Recopie la phrase qui indique ce que la chute dans le vide et le plongeon dans la rivière auraient pu faire à Aristote.

....

....

3 Remplace les mots en gras par les mots employés dans le texte.

- Le vent l'a fait **tomber** dans le vide.

Le vent l'a fait .... dans le vide.

- Il a **avalé de l'eau** plusieurs fois.

Il a .... plusieurs fois.

4 Écris qui est désigné par les pronoms en gras.

J'ai comme l'impression... J' : ....

Il faut vraiment que **tu** prennes garde à toi. tu : ....

5 Écris *Vrai* ou *Faux*.

En tombant de l'arbre, Aristote est arrivé dans l'herbe. ....

Bella Donna a sauvé Aristote avec son balai. ....

Il reste maintenant cinq vies à Aristote. ....

Fiche 85++

Les 9 vies d'Aristote (5)

1 Remplace les mots en gras par les mots employés dans le texte.

- Après cette **mauvaise aventure**, il est resté un peu tranquille.

Après cette .... , il est resté un peu tranquille.

- Il se **tenait très fort** à une branche fine et souple.

Il se .... à une branche fine et souple.

- Le vent l'a fait **tomber** dans le vide.

Le vent l'a fait .... dans le vide.

- Il a **avalé de l'eau** plusieurs fois.

Il a .... plusieurs fois.

- Il a vu un **balai**. Il a vu un ....

2 Indique *qui* parle *à qui*.

– Eh bien, mon garçon...

.... parle à ....

3 Écris qui est désigné par les pronoms en gras.

J'ai comme l'impression... J' : ....

Il faut vraiment que **tu** prennes garde à toi. tu : ....

Elle ne sortait jamais la nuit sans son balai mais, pour quelle raison, **il** ne le savait pas.

Elle : .... il : ....

Recopie la dernière phrase en remplaçant les mots en gras par la personne ou l'animal désigné.

....

....

Fiche 86+

Le féminin des adjectifs
Mémorisation de mots

1 **Lis** les adjectifs et **écris**-les dans la bonne colonne.
Entoure la marque du féminin.

polie - jolie - bleu - usé - verte - joli - bleue - rond - vert - blonde - usée - poli

masculin	féminin
....	....
....	....
....	....

2 **Complète** chaque groupe nominal avec un adjectif choisi parmi ceux de l'exercice 1.

une robe .... un manteau ....

un ballon .... une balle ....

un garçon .... une fille ....

3 **Lis** les mots. Puis **recopie**-les sur la bonne ligne.

encore - des ciseaux - un œil/des yeux - le printemps - vrai - magnifique - fort - propre

les noms avec leur déterminant :

....

les adjectifs :

....

le mot invariable : ....

4 **Écris** les réponses aux devinettes.

Nous sommes les trois couleurs du drapeau français :

....

Fiche 86++

Le féminin des adjectifs
Mémorisation de mots

1 **Complète** chaque phrase avec le déterminant et le nom qui conviennent. **Observe** bien l'adjectif en gras.

- un chat - une chatte — Lisa a .... **noire**.
- un vélo - une voiture — J'ai .... **vert**.
- un stylo - une règle — Tu as .... **bleue**.

2 **Complète** les phrases avec : *un œil – les yeux – des ciseaux*.

Aristote jettera .... à l'intérieur de la cruche.

Avec ...., je découperai .... de mon masque de sorcière.

3 **Écris** l'adjectif qui correspond à chaque définition.

c'est la vérité : ....

qui n'a pas de tache : ....

avoir de la force : ....

très, très beau : ....

4 **Complète** chaque phrase avec le même mot.

J'ai .... oublié mes gants.

Tu veux .... du gâteau ?

C'est le soir, nous jouons .... dehors.

5 **Écris** le nom des quatre saisons.

....

....

Fiche 87+

La relation sujet-verbe au futur (3)

1 **Souligne** les verbes qui changent quand on écrit le texte au futur.

Tu restes sage pendant une semaine.

Tu joues tranquillement.

Un jour, tu montes dans un arbre.

Tu bascules dans le vide.

Tu resteras sage pendant une semaine

Tu joueras tranquillement.

Un jour, tu monteras dans un arbre.

Tu basculeras dans le vide.

2 **Complète** chaque phrase avec le verbe au futur.

jou**es** / jou**eras**

Tu .... tranquillement.

mont**es** / mont**eras**

Un jour, tu .... dans un arbre.

bascul**eras** / bascul**es**

Tu .... dans le vide.

3 **Écris** ces phrases au futur. Attention ! Le verbe souligné change.

Tu <u>restes</u> sage pendant une semaine.

....

Tu <u>tombes</u> dans la rivière.

....

Fiche 87++

La relation sujet-verbe au futur (3)

1 **Récris** le texte au futur. Les verbes soulignés changent.

Tu <u>restes</u> sage pendant une semaine.

Tu <u>joues</u> tranquillement.

Un jour, tu <u>montes</u> dans un arbre.

Le vent <u>souffle</u> fort.

Les branches <u>bougent</u> beaucoup.

Tu <u>tombes</u> dans la rivière.

....

....

....

....

....

....

Écris l'infinitif des verbes conjugués : ....

....

2 **Écris** l'infinitif des verbes soulignés. Puis **écris** les phrases au futur.

Tu <u>bavardes</u> avec ta voisine. ....

....

Tu <u>écoutes</u> le maitre. ....

....

Le maitre <u>donne</u> un exercice à faire. ....

....

Des groupes nominaux (10)

1 **Recopie** les groupes nominaux dans la bonne colonne.

une lourde cruche - un chaton malheureux - le lait froid - la potion magique

masculin	féminin
....	....
....	....

Souligne les adjectifs.

2 **Recopie** les groupes nominaux dans la bonne colonne.

les grosses cruches - un toit pointu - des pommes rouges - une grande ville - les motos noires

singulier	pluriel
....	....
....	....
....	....

Entoure les groupes nominaux féminins dans les deux colonnes.

3 **Complète** ces phrases avec un adjectif.

Aristote est un chat ....

Bella Donna est une .... sorcière.

Elle habite dans une .... maison.

Des groupes nominaux (10)

1 **Recopie** les groupes nominaux dans la bonne colonne.

les gants bleus - une jolie robe - des fleurs parfumées - un manteau chaud - des étoiles brillantes - des dessins magnifiques

Souligne les adjectifs.

masculin	féminin
....	....
....	....
....	....

Puis **recopie** ces groupes nominaux dans ces colonnes.

singulier	pluriel
....	....
....	....
....	....
....	....

2 **Relie** chaque adjectif masculin à son féminin.

un pantalon long •	• une chatte gentille
un chien gentil •	• une robe longue
un ballon rond •	• une jupe blanche
un caillou pointu •	• une pierre pointue
un pull blanc •	• une balle ronde

Puis **recopie** tous les adjectifs.

....

....

Fiche 89+

Les 9 vies d'Aristote (6)

1 **Complète** les réponses aux questions.

- Qu'est-ce qu'Aristote entendait près du bois ?

Près du bois, Aristote entendait ....

....

- Pourquoi Bella est-elle arrivée très vite à la ligne de chemin de fer ?

Bella est arrivée très vite à la ligne de chemin de fer parce qu'elle y est allée ....

2 **Recopie** la phrase qui indique ce que fait Bella Donna quand elle voit qu'Aristote n'est plus dans la cuisine.

....

....

3 **Remplace** les mots en gras par les mots employés dans le texte.

- Elle lâcha sa cuiller dans la **grande marmite**.

Elle lâcha sa cuiller dans le ....

- Bella Donna **partit à toute vitesse** dehors.

Bella Donna .... dehors.

4 **Écris** qui est désigné par les pronoms en gras.

Il voulait aller voir ce que c'était.

Il : ....

Elle jeta alors un rapide coup d'œil autour d'elle à la recherche d'Aristote.

Elle : ....

Fiche 89++

Les 9 vies d'Aristote (6)

1 **Remplace** les mots en gras par les mots employés dans le texte.

- Aristote **partit sans faire de bruit** pour une petite promenade.

Aristote .... pour une petite promenade.

- C'étaient des **petits bruits de métal**.

C'étaient des ....

- des bruits de soufflets avec parfois un sifflement **qui fait mal aux oreilles**

des bruits de soufflets avec parfois un sifflement ....

- Elle lâcha sa cuiller dans la **grande marmite**.

Elle lâcha sa cuiller dans le ....

- Bella Donna **partit à toute vitesse** dehors.

Bella Donna .... dehors.

2 **Écris** qui est désigné par les pronoms en gras.

Il voulait aller voir ce que c'était. Il : ....

Elle jeta alors un rapide coup d'œil autour d'elle à la recherche d'Aristote. Elle : ....

3 **Complète** avec le temps qu'il faut pour aller de la chaumière à la ligne de chemin de fer.

en un rien de temps – cinq minutes

Aristote a mis ....

Bella Donna est arrivée ....

Fiche 90+

Les actions des personnages

1 **Lis** ces mots et **recopie**-les dans l'ordre alphabétique.

vrai - propre - fort - printemps

....

2 **Relie** les mots qui ont le même sens dans « Les 9 vies d'Aristote ».

grimper •	• dégringoler
sauter •	• escalader
arriver •	• bondir
tomber •	• atterrir

3 **Recopie** chaque phrase en remplaçant le verbe en gras par un verbe de même sens.

grimpe - bascule - plonge - bondit - se cogne

Aristote **met** sa tête dans la cruche.

....

En tombant, il **tape** contre l'arbre.

....

Il **monte** dans l'arbre.

....

Il **saute** sur une branche.

....

Il **tombe** dans le vide.

....

Fiche 90++

Les actions des personnages

1 **Lis** ces mots et **recopie**-les dans l'ordre alphabétique.

yeux - vrai - propre - fort - printemps - encore

....

....

2 **Relie** chaque phrase à son sens.

Il plonge dans l'eau. •	• Il met ses mains dans l'eau.
Il plonge ses mains dans l'eau. •	• Il se jette dans l'eau.

3 **Relie** chaque mot à sa définition.

s'esquiver •	• arriver brusquement
se cogner •	• partir sans faire de bruit
basculer •	• se taper contre quelque chose
atterrir •	• perdre l'équilibre et tomber

4 **Recopie** les phrases en remplaçant chaque verbe en gras par un verbe de même sens. Tu peux utiliser le mémo.

En tombant, il **tape** son genou contre un caillou.

....

L'alpiniste **grimpe sur** la montagne.

....

Le lion **saute** sur la gazelle.

....

Il **part** de la classe sans faire de bruit.

....

Fiche 91+

Raconter une aventure d'Aristote

1 **Relis** le texte page 110. **Complète** les réponses aux questions pour raconter la première aventure du chaton turbulent.

- Où Aristote décide-t-il de monter ?

Aristote décide ....

- Comment arrive-t-il sur le toit ?

Il escalade ....

.... et il arrive ....

- Quand il est sur le toit, où grimpe-t-il ?

Arrivé sur le toit, il ....

Vérifie que tu as mis les points.

2 **Complète** le texte avec ces mots pour continuer à raconter la première aventure d'Aristote.

éternue - tousse - se penche - tout noir - atterrit - dégringole

Aristote .... au-dessus de l'ouverture de la cheminée. De la fumée en sort, il ...., il .... et il .... dans la cheminée. Il .... sur le foyer heureusement éteint par la suie. Aristote est ....

Vérifie que tu n'as pas fait d'erreurs en recopiant les groupes de mots.

3 **Écris** une phrase pour dire ce que fait la sorcière pour nettoyer Aristote. **Emploie** les verbes *savonner* et *rincer*.

Elle .... et elle ....

....

Vérifie que tu as bien conjugué les verbes et que tu as mis le point.

Fiche 91++

Raconter une aventure d'Aristote

1 **Relis** le texte page 110. **Réponds** aux questions pour raconter la première aventure du chaton turbulent.

- Où Aristote décide-t-il de monter ?

....

- Comment arrive-t-il sur le toit ?

....

....

- Quand il est sur le toit, où grimpe-t-il ?

....

Vérifie que tu as mis les points.

2 **Écris** plusieurs phrases pour raconter ce qu'il se passe ensuite. **Emploie** les verbes : *se penche – tousse – éternue – dégringole – atterrit.*

....

....

....

....

....

....

Vérifie que tu as mis les majuscules et les points.

3 **Écris** une phrase pour dire ce que fait la sorcière pour nettoyer Aristote qui est tout noir. **Emploie** les verbes *savonner* et *rincer*.

....

....

Vérifie que tu as bien conjugué les verbes au présent et que tu as mis la majuscule et le point.

Les 9 vies d'Aristote (7)

1 **Complète** les réponses aux questions.

• Qu'est-ce qu'Aristote n'oubliera jamais ?
Aristote n'oubliera jamais ....

....

• Retournera-t-il un jour sur la voie ferrée ?
Il ne ....

2 **Recopie** ce que dit Bella Donna à Aristote.

- ....

....

3 **Remplace** les mots en gras par le mot employé dans le texte.

- Couche-toi, Aristote ! cria-t-elle d'une voix **forte qui fait mal aux oreilles**.

- Couche-toi, Aristote ! cria-t-elle d'une voix ....

4 **Écris** qui est désigné par le mot en gras.

Le vieux train siffle comme un fou à la vue de **l'imprudent**.

l'imprudent : ....

5 **Écris** *Vrai* ou *Faux*.

Aristote a entendu le vieux train à vapeur arriver. ....

Le vieux train siffle pour qu'Aristote quitte les rails. ....

Aristote a eu très peur. ....

Aristote est tout content de retrouver Bella Donna. ....

Les 9 vies d'Aristote (7)

1 **Remplace** les mots en gras par les mots employés dans le texte.

• Un chat blanc se promenait sur la voie ferrée, **sans savoir** qu'un vieux train à vapeur arrivait derrière lui.

Un chat blanc se promenait sur la voie ferrée, ... qu'un vieux train à vapeur arrivait derrière lui.

• - Couche-toi, Aristote ! cria-t-elle d'une voix **forte qui fait mal aux oreilles**.
- Couche-toi, Aristote ! cria-t-elle d'une voix ....

2 **Écris** qui est désigné par les pronoms ou le groupe de mots en gras.

Le vieux train siffle comme un fou à la vue de **l'imprudent**.
l'imprudent : ....

Il entendit alors la voix de Bella. Il : ....

Aristote n'oublia jamais le bruit terrible de la locomotive quand **elle** passa. elle : ....

Il courut à **elle**. elle : ....

3 **Réponds** aux questions.

Qu'est-ce qu'Aristote n'oubliera jamais ?

....

....

Retournera-t-il un jour sur la voie ferrée ?

....

Le son [j] comme 

1 **Nomme** les dessins. **Entoure** le dessin quand tu entends [j].

2 **Nomme** les dessins.
Entoure le point qui correspond à l'endroit où tu entends [j].

    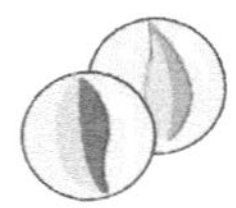

● ● ●   ● ● ● ● ●   ● ● ● ● ●   ● ● ● ●   ● ● ●

3 **Lis** les mots. Puis **recopie**-les sur la bonne ligne.

un avion - un camion - un lion - une feuille -
rien - le pied - une oreille - un chien

[j] s'écrit **i** :

....

....

[j] s'écrit **ill** :

....

4 **Écris** les réponses aux devinettes.

Je suis le contraire de *jeune* : ....

Je suis l'espace où volent les avions : le ....

Je suis un insecte avec des ailes colorées : le ....

Le son [j] comme 

1 **Recopie** les mots de chaque ligne dans lesquels tu entends [j].

une file - une fille : ....

il bâille - une balle : ....

une bicyclette - joyeux : ....

un avion - nous avons : ....

le sel - le ciel : ....

les yeux - les jeux : ....

2 **Complète** chaque phrase avec l'un des mots proposés.

lion - loin — La piscine est .... de l'école.
Le .... est un animal sauvage.

pion - point — On met un .... à la fin de la phrase.
Je lancerai un dé et je déplacerai mon ....

bien - bain — Vous travaillerez .... à l'école.
Le soir, tu prends un ....

deux - vieux — Le chien est ....
On a .... mains.

3 **Écris** chaque mot complété avec *i*, *ill* ou *ll*.

une feu◆e :	une ore◆e : ....
un cah◆er :	un cam◆on : ....
une papi◆on :	le ch◆en : ....
un p◆ed :	une cheni◆e : ....

Fiche 94+

La relation sujet-verbe au futur (4)

1 **Souligne** les verbes qui changent quand on remplace *Aristote* par *Aristote et Socrate.*

Aristote ne retournera jamais voir le train.

- Je ne quitterai plus Bella.

- Tu seras à la maison.

Tu joueras dans la cuisine.

Aristote et Socrate ne retourneront jamais voir le train.

- Nous ne quitterons plus Bella.

- Vous serez à la maison.

Vous jouerez dans la cuisine.

2 **Complète** chaque phrase avec le verbe qui convient.

retourn**era** / retourn**eront**

Aristote et Socrate ne .... jamais voir le train.

quitt**erai** / quitt**erons**

Nous ne .... plus Bella.

jou**eras** / jou**erez**

Vous .... dans la cuisine.

3 **Écris** ces phrases avec le sujet proposé.
Attention ! Le verbe souligné change.

J'aurai soif.

Nous ....

Tu mangeras de la viande.

Vous ....

Fiche 94++

La relation sujet-verbe au futur (4)

1 **Récris** le texte en remplaçant *Aristote* par *Aristote et Socrate*.
Les verbes soulignés changent.

Aristote ne retournera jamais voir le train.

- Je ne quitterai plus Bella.

Je ne monterai plus sur le toit.

- Tu joueras dans la cuisine.

Aristote restera sagement à la maison.

....

....

....

....

....

Écris l'infinitif des verbes conjugués : ....

....

2 **Écris** l'infinitif des verbes soulignés. Puis **écris** les phrases avec le sujet proposé.

Tu seras à l'école. ....

Vous ....

J'aurai le temps de jouer. ....

Nous ....

Sam entrera dans la classe. ....

Sam et Noé ....

Des phrases dans un texte (9)

1 **Lis** ces phrases négatives. **Entoure** les mots de la négation.

Aristote ne monte pas sur le toit.

Bella Donna ne savonne pas Aristote.

Recopie ces phrases à la forme affirmative.

....

....

2 **Complète** les phrases avec *ne… pas* puis **recopie** une des phrases négatives.

Aristote .... voit .... le train.

La sorcière .... gronde .... Aristote.

....

3 **Relie** *de qui on parle* et *ce qu'on en dit.*

Aristote •	• arrive derrière Aristote.
Le train à vapeur •	• ne gronde pas Aristote.
Bella Donna •	• monte sur le toit.

4 **Entoure** *de qui on parle* et *ce qu'on en dit.*

La sorcière savonne Aristote.

Récris la phrase en ajoutant l'information supplémentaire *Ce soir* au début de la phrase.

....

Des phrases dans un texte (9)

1 **Écris** les phrases affirmatives à la forme négative. **Emploie** *ne… plus.*

Je vais encore à la cantine.

....

Vous prenez encore le bus.

....

2 **Complète** les phrases avec *ne… pas* ou *n'… pas* puis **recopie** une des phrases négatives.

Aristote .... oublie .... le bruit de la locomotive.

La sorcière .... est .... méchante.

Le garçon .... veut .... dessiner.

Zoé .... a .... de feutres.

....

3 **Entoure** *de qui on parle* et *ce qu'on en dit.*

Dans la cuisine, la sorcière savonne Aristote.

Récris la phrase en mettant *dans la cuisine* à la fin de la phrase.

....

....

4 **Souligne** le verbe et **entoure** le sujet dans ces phrases.

Aujourd'hui, la maitresse raconte une histoire.

Les élèves écoutent avec attention.

Les 9 vies d'Aristote (8)

1 **Coche** la bonne réponse à la question.

Où Aristote doit-il attendre Bella Donna pendant qu'elle va voir la femme du fermier ?

- ☐ à côté de la grande niche du chien
- ☐ à la vieille petite maison
- ☐ près de la barrière de la cour de la ferme

2 **Recopie** la phrase qui indique ce qu'il y a derrière la ferme.

....

....

3 **Remplace** les mots en gras par le mot employé dans le texte.

Une chance que tu sois resté **sans bouger**.

Une chance que tu sois resté ....

4 **Écris** *qui* parle *à qui*.

- Tu t'en mordras les pattes.

.... parle à ....

5 **Écris** *Vrai* ou *Faux*.

Aristote n'a plus que quatre vies. ....

Aristote n'a pas le droit d'entrer dans la cour de la ferme. ....

Aristote doit rester à la maison quand Bella va à la ferme. ....

Bella Donna va à la ferme pour acheter des œufs et du lait. ....

Les 9 vies d'Aristote (8)

1 **Remplace** les mots en gras par les mots employés dans le texte.

- Une chance que tu sois resté **sans bouger**.

Une chance que tu sois resté ....

- Et elle le **regarda longuement** de ses yeux ronds.

Et elle lui .... de ses yeux ronds.

- Au bout du bois, se trouvait une ferme où Bella **allait** pour acheter du lait et des œufs.

Au bout du bois, se trouvait une ferme où Bella .... pour acheter du lait et des œufs.

2 **Écris** qui est désigné par les pronoms en gras.

Et **elle lui** adressa un long regard appuyé.

Elle : .... lui : ....

Il suivait souvent Bella jusqu'à la ferme.

Il : ....

Tu t'en mordras les pattes. Tu : ....

Recopie la première phrase en remplaçant les mots en gras par la personne ou l'animal désigné.

....

....

3 **Réponds** à la question en écrivant une phrase.

Où Aristote doit-il attendre Bella Donna pendant qu'elle va voir la femme du fermier ?

....

....

Fiche 97+

Des expressions imagées

1 **Lis** ces mots et **recopie**-les dans l'ordre alphabétique.

rien - chien - oreille - avion - chenille

...

2 **Relie** chaque expression imagée à son sens dans « Les 9 vies d'Aristote ».

Aristote boit la tasse. •	• Aristote regarde à l'intérieur de la cruche.
Aristote jette un œil dans la cruche. •	• Aristote reste sans bouger.
Aristote ne bouge pas une moustache. •	• Dans l'eau, Aristote avale de l'eau sans le faire exprès.

3 **Complète** avec l'expression imagée qui convient.

a un chat dans la gorge - a la tête dans les nuages - a la main verte

- À l'école, les plantes sont belles, c'est Zoé qui s'en occupe, elle ...
- Samia rêve, elle n'entend pas quand la maitresse lui pose une question, elle regarde ailleurs, elle ...
- Ce matin, Léo a mal à la gorge, il ne peut presque plus parler, il ...

Fiche 97++

Des expressions imagées

1 **Lis** ces mots et **recopie**-les dans l'ordre alphabétique.

rien - chien - oreille - avion - chenille - feuille - camion

...

2 **Relie** chaque expression imagée à son sens.

boire la tasse •	• avoir du mal à parler quand on a mal à la gorge
être dans les nuages •	• savoir bien s'occuper des plantes
casser les pieds à quelqu'un •	• ne plus pouvoir parler
avoir un chat dans la gorge •	• être rêveur
avoir la main verte •	• embêter, ennuyer quelqu'un
	• avaler de l'eau sans le faire exprès

3 **Complète** avec une expression imagée.

- Je ... par le trou de la serrure.
- Le lapin a peur du chasseur, il reste bien caché, il ...
- Il est paresseux, il ...

4 **Choisis** une expression imagée et **écris** une phrase la contenant.

...

Fiche 98+

Imaginer une aventure d'Aristote (1)

1 **Lis** les idées données pour cette nouvelle aventure d'Aristote.

- Ce qu'Aristote décidera d'explorer un matin : le bois près de la chaumière.
- Des rencontres : un écureuil, un lapin, un énorme sanglier.
- La fuite d'Aristote qui se cachera dans un trou.
- Bella Donna retrouvera Aristote apeuré dans le fond du trou.

2 **Complète** le texte pour raconter cette nouvelle aventure d'Aristote.
Aide-toi des informations ci-dessus.

Un ...., Aristote décidera ....
....

Dans le bois, Aristote rencontrera .... et
un .... Il jouera avec eux.
Puis il se trouvera face à face avec un ....
.... qui lui fera très peur.
Vite, Aristote se cachera ....
Heureusement, Bella Donna ne voyant plus son chat, partira à sa recherche. Elle ....
....

Vérifie que tu n'as pas oublié de mots.

Fiche 98++

Imaginer une aventure d'Aristote (1)

1 **Lis** les idées données pour cette nouvelle aventure d'Aristote.

- Ce qu'Aristote décidera d'explorer un matin : le bois près de la chaumière.
- Il fera des jeux avec un écureuil, un lapin.
- Arrivée d'un énorme sanglier qui lui fera très peur.
- Fuite d'Aristote qui se cachera dans un trou.
- Aristote apeuré dans le fond du trou.

2 **Écris** un texte pour raconter cette nouvelle aventure d'Aristote.
Aide-toi des informations ci-dessus.
Écris ces verbes au futur : *décider, rencontrer, jouer, se cacher, retrouver.*
Nomme Aristote de différentes manières.

...., Aristote ....
....
Dans le bois, il ....
....
Soudain, ... surgira.
Vite, ...
Heureusement, Bella Donna ....
....

Vérifie que tu as conjugué les verbes au futur et que tu as mis les points.

3 **Imagine** ce que Bella Donna dira à Aristote.

– ....
....

Vérifie que tu as mis la majuscule et le point.

Fiche 99+

Les 9 vies d'Aristote (9)

1 **Coche** la bonne réponse à la question.

Pourquoi Bella interdit-elle à Aristote de s'approcher de la niche du chien ?

☐ Parce qu'elle aime bien le chien.

☐ Parce qu'elle a peur que le chien fasse du mal à Aristote.

☐ Parce que le chien est malade.

2 **Recopie** la phrase qui montre qu'Aristote est un chat désobéissant.

....

....

3 **Remplace** les mots en gras par les mots employés dans le texte.

Chaque ronflement faisait se relever **les grosses lèvres** du **gros chien**.

Chaque ronflement faisait se relever les ....

du ....

4 **Écris** qui est désigné par le groupe de mots en gras.

C'était **quelqu'un** qui ronflait.

quelqu'un : ....

5 **Écris** *Vrai* ou *Faux*.

Aristote est un chaton obéissant. ....

Aristote est un chaton curieux. ....

Aristote désobéit à Bella Donna. ....

Aristote regarde à l'intérieur de la niche. ....

Fiche 99++

Les 9 vies d'Aristote (9)

1 **Remplace** les mots en gras par les mots employés dans le texte.

- une odeur qu'il n'avait jamais rencontrée **avant**

une odeur qu'il n'avait jamais rencontrée ....

- Chaque ronflement faisait se relever **les grosses lèvres** du **gros chien**.

Chaque ronflement faisait se relever les ....

du ....

2 **Coche** le sens du groupe de mots en gras.

un animal **profondément endormi**

☐ Un animal qui dort mais qui peut être réveillé facilement.

☐ Un animal qui dort mais difficile à réveiller.

3 **Écris** qui est désigné par les pronoms ou les mots en gras.

Il sentit une drôle d'odeur. Il : ....

C'était **quelqu'un** qui ronflait. quelqu'un : ....

Mais l'odeur de **l'animal** était si forte dans ses narines...

l'animal : ....

Chaque ronflement faisait se relever les babines **du molosse**.

du molosse : ....

4 **Recopie** la phrase qui indique qu'Aristote n'avait pas le droit d'aller dans la cour de la ferme.

....

....

Fiche 100+

Le pluriel des noms et des adjectifs
Mémorisation de mots

1 **Lis** les groupes nominaux et **recopie** ceux qui sont au pluriel. **Entoure** la marque du pluriel.

les balais magiques - un maillot rouge - les chats coquins - la sorcière gentille - des camions rapides - les chiens féroces

....

....

2 **Écris** chaque groupe nominal au pluriel. **Entoure** la marque du pluriel.

une soupe salée : des ....

un élève gentil : des ....

un livre neuf : des ....

un légume vert : des ....

3 **Lis** les mots. Puis **recopie**-les sur la bonne ligne.

une couleur - les parents - une semaine - la journée - tard - jamais - avant - devant

le groupe nominal au pluriel :

....

les trois groupes nominaux au singulier :

....

les quatre mots invariables :

....

4 **Écris** les réponses aux devinettes.

Nous sommes des animaux avec une crinière : les ....

Nous avons des racines, un tronc et des branches : les ....

Fiche 100++

Le pluriel des noms et des adjectifs
Mémorisation de mots

1 **Complète** chaque phrase avec le nom et l'adjectif qui conviennent.

- un gant rouge - des gants rouges

J'ai des ....

- pantalon déchiré - pantalons déchirés

Elle a un ....

- une crème sucrée - des crèmes sucrées

Tu manges des ....

- un nuage gris - des nuages gris

Des .... sont dans le ciel.

2 **Complète** chaque phrase avec un mot appris.

L'arc-en-ciel a sept ....

Toutes les ...., le dimanche nous allons au parc.

Les .... de Romane parlent avec le maitre.

Jules n'a .... pris l'avion.

3 **Complète** chaque phrase avec un mot de la famille du mot en gras.

Le coq chante au lever du **jour** et dans la ...., il ne chante pas.

Zoé est en **retard**, elle arrive trop ...., la porte de l'école est fermée.

4 **Recopie** la phrase en remplaçant les mots en gras par leur contraire.

Après la récréation, ma place dans la classe est **derrière** Mélina.

....

Fiche 101+

Le futur des verbes *être* et *avoir*

1 **Relie** chaque pronom sujet au verbe qui convient.

Vous •	• aurez un chien.
Je •	• serons en avance.
Nous •	• seras vétérinaire.
Tu •	• auront de la chance.
Elle •	• serai pilote.
Ils •	• aura neuf ans.

2 **Ajoute** les terminaisons du futur. **Recopie** les verbes avec leur sujet.

rons / ront : Nous se............ au cinéma.

Ils se .... au cinéma.

ra / ras : Tu au............ faim. ....

Elle au............ faim. ....

rai / rez : Vous au............ un masque.

J'au............ un masque.

3 **Complète** avec le pronom qui convient.

Je – Tu – Il *ou* Elle – Nous – Vous – Ils *ou* Elles

.... se**rons** au cirque.

.... se**ras** fâché après moi.

.... au**rez** une trottinette.

.... au**ra** un cahier soigné.

.... se**rai** dans la voiture.

.... au**ront** de la place dans le bus.

Fiche 101++

Le futur des verbes *être* et *avoir*

1 **Complète** avec le pronom qui convient.

Je – Tu – Il *ou* Elle – Nous – Vous – Ils *ou* Elles

.... aura bientôt un petit frère.

.... serez au bord de la mer.

.... serai avec toi.

.... auront des chaussures neuves.

.... seras gentil avec lui.

.... aurez un chapeau de soleil.

Souligne les verbes et **entoure** leur terminaison.

2 **Récris** chaque phrase avec le sujet proposé.

Nous aurons des lunettes.
Vous..

Sa sœur sera à Paris.
Je..

Tu seras le premier.
Il..

3 **Complète** avec le verbe *être* ou le verbe *avoir* au futur.

Vous .... une pomme pour gouter.

Les nageurs .... dans l'eau.

Je .... malade.

Nous .... une chambre pour nous.

Tu .... dans le jardin.

Maeva .... un cadeau.

Fiche 102+

Des phrases et des groupes nominaux (1)

1 **Complète** les phrases interrogatives avec *Est-ce que* et le point d'interrogation.

.... le chien est endormi ....

.... quelqu'un est dans la niche ....

.... Aristote laisse l'animal tranquille ....

Recopie une des phrases interrogatives.

....

2 **Entoure** *de qui on parle* et *ce qu'on en dit*.

Bella Donna rend visite à la fermière.

Récris la phrase en ajoutant *Un jour* au début de la phrase.

....

3 **Recopie** les groupes nominaux dans la bonne colonne.

une odeur – les ronflements – ses pattes – les chats – des semaines – un accident

masculin	féminin
....	....
....	....
....	....

Puis **recopie** les groupes nominaux dans ces colonnes.

singulier	pluriel
....	....
....	....
....	....
....	....

Fiche 102++

Des phrases et des groupes nominaux (1)

1 **Écris** les phrases affirmatives à la forme négative.
Emploie *ne … rien*.

Aristote voit quelque chose dans la niche.

....

Le garçon mange quelque chose.

....

Liam trouve quelque chose.

....

2 **Entoure** *de qui on parle* et *ce qu'on en dit*.

Un jour, Bella Donna rend visite à la fermière.

Ce matin, un gros animal ronfle dans une niche.

Dans la cour de la ferme, Aristote s'approche de la niche.

Recopie les informations supplémentaires qui sont en début de phrase.

....

3 **Recopie** les groupes nominaux dans le tableau.

une odeur – les ronflements – ses pattes – les chats – des semaines – un accident

	masculin	féminin
singulier	....	....
pluriel	....	....

Fiche 103+

Les 9 vies d'Aristote (10)

1 **Coche** la bonne réponse à la question.

Pourquoi le chien a-t-il libéré Aristote ?

☐ Parce qu'il aime bien les chats.
☐ Parce que le chat a peur.
☐ Parce que le chien a été obligé d'ouvrir ses mâchoires.

2 **Recopie** la phrase qui indique ce que Bella Donna a fait en rentrant à la maison.

....

....

3 **Remplace** les mots en gras par le mot employé dans le texte.

Il distingua la grande forme **à moitié endormie**.

Il distingua la grande forme ....

4 **Écris** qui est désigné par le pronom en gras.

Le grand chien sortit en trombe de sa niche, à quelques centimètres d'un chat blanc qu'**il** rattrapa.

il : ....

5 **Écris** *Vrai* ou *Faux*.

Bella aime bien Aristote. ....

Aristote n'a plus que trois vies. ....

Aristote réveille le chien en éternuant. ....

Aristote a été mordu par le chien. ....

Fiche 103++

Les 9 vies d'Aristote (10)

1 **Écris** la réponse à la question.

Qu'est-ce qui a pu faire éternuer Aristote ?

....

....

2 **Remplace** les mots en gras par les mots employés dans le texte.

- Il regardait la niche **sans bouger les yeux**.

Il regardait .... la niche.

- Il a voulu revoir l'animal **bizarre** une dernière fois.

Il a voulu revoir l'..................... animal une dernière fois.

- Il sonda **l'intérieur tout noir** de la niche.

Il sonda .... de la niche.

- Il distingua la grande forme **à moitié endormie**.

Il distingua la grande forme ....

3 **Écris** qui est désigné par les pronoms ou le groupe de mots en gras.

Elle le gronda un peu.

Elle : .... le : ....

Le grand chien sortit en trombe de sa niche,
à quelques centimètres d'un chat blanc qu'**il** rattrapa.
il : ....

Bella Donna, sortant de la ferme avec sa cruche de lait et son panier d'œufs, lâcha **le tout** en voyant la scène.
le tout : ....

Former des mots (3)

1 **Lis** ces mots et **recopie**-les dans l'ordre alphabétique.

journée - jamais - devant - couleur

....

2 **Complète** avec des mots contenant le suffixe *-ement*.

Aristote entend un ...., c'est le chien qui ronfle.

Bella Donna entend un ...., c'est le train qui siffle.

Bella Donna entend un ...., c'est Aristote qui miaule.

Aristote entend un ...., c'est le chien qui grogne.

3 **Relie** chaque adjectif au mot qui convient. **Entoure** le suffixe *-ment* dans chacun de ces mots.

claire •	• difficilement
tranquille •	• doucement
douce •	• sagement
sage •	• tranquillement
difficile •	• clairement

4 **Recopie** la phrase en remplaçant le groupe de mots en gras par un mot avec le suffixe *-ment*.

La sorcière regarde Aristote **d'un air triste**.

....

Former des mots (3)

1 **Lis** ces mots et **recopie**-les dans l'ordre alphabétique.

journée - jamais - devant - couleur - juste - avant - tard

....

....

2 **Complète** avec des noms contenant le suffixe *-ement*.

miauler : le ....

grogner : le ....

changer : le ....

ranger : le ....

croiser : le ....

étonner : l' ....

Écris une phrase avec un des mots que tu viens d'écrire.

....

3 **Complète** chaque phrase avec un mot invariable contenant le suffixe *-ment*, formé à partir des adjectifs en gras.

La voiture est **rapide**, elle avance ....

Le camion est **lent**, il roule ....

Julien fait un travail **propre**, il écrit ....

Julia est **calme**, elle joue ....

Filomena est **joyeuse**, elle va à l'école ....

Écris une phrase avec un des mots que tu viens d'écrire.

....

Fiche 105+

Imaginer une aventure d'Aristote (2)

1 **Lis** les idées données pour cette nouvelle aventure d'Aristote.

- Ce qu'Aristote décidera d'explorer une nuit quand Bella Donna sera sortie avec son balai : le grenier.
- Ce qu'il trouvera : une pelote de laine, un miroir, un coffre profond.
- La mésaventure : il voudra voir ce qu'il y a dans le coffre et il tombera à l'intérieur.
- Bella Donna retrouvera Aristote enfermé dans le coffre.

2 **Complète** le texte pour raconter cette nouvelle aventure d'Aristote. **Aide-toi** des informations ci-dessus.

Une ...., alors que Belle Donna ....

.............................., Aristote décidera ....

....

Dans le grenier, Aristote trouvera ....

Il jouera avec. Ensuite, il trouvera un ....

Il se regardera dedans. Puis il trouvera ....

Curieux comme tous les chatons, il soulèvera le couvercle et il

....

Impossible de sortir.

Heureusement, Bella Donna ne voyant pas son chat à son retour, partira à sa recherche. Elle ....

....

Vérifie que tu n'as pas oublié de mots.

Fiche 105++

Imaginer une aventure d'Aristote (2)

1 **Lis** les idées données pour cette nouvelle aventure d'Aristote.

- Ce qu'Aristote décidera d'explorer une nuit quand Bella Donna sera sortie avec son balai : le grenier.
- Ce qu'il trouvera : de la laine, un miroir, un coffre profond.
- La mésaventure : curieux, il voudra voir ce qu'il y a dans le coffre et il tombera à l'intérieur. Impossible de sortir.
- Miaulements désespérés. Recherche de Bella Donna à son retour. Elle le retrouvera enfermé dans le coffre.

2 **Complète** le début du texte pour raconter cette nouvelle aventure d'Aristote.

Une ...., alors que Belle Donna ....

.............................., Aristote décidera ....

....

Raconte l'exploration du grenier et la recherche de Bella Donna.
Écris les verbes au futur.

....

....

....

....

....

....

....

Vérifie que tu as mis les majuscules et les points et que tu as conjugué les verbes au futur.

Les 9 vies d'Aristote (11)

1 **Complète** les réponses aux questions.

- Comment s'appelle le chien ?
Le chien s'appelle ....

- Pourquoi, un jour, Gruffo a-t-il pu poursuivre Aristote ?
Gruffo a pu poursuivre Aristote car il ....

- Sur la route, que voit Aristote arriver droit sur lui ?
Sur la route, Aristote voit arriver ....

- Quand Aristote se retourne, avec qui se retrouve-t-il nez à nez ?
Quand Aristote se retourne, il se retrouve nez à nez avec
....

2 **Recopie** la phrase qui indique ce que Bella Donna a fait en ne voyant pas Aristote près du bois.

....

....

3 **Remplace** les mots en gras par les mots employés dans le texte.

- Le chien **courait** maintenant vers lui.
Le chien .... maintenant vers lui.

- Une mâchoire pleine de **dents pointues**.
Une mâchoire pleine de ....

4 **Écris** qui est désigné par le groupe de mots en gras.

Je vois **cette vieille femme** qui débarque de nulle part.

cette vieille femme : ....

Les 9 vies d'Aristote (11)

1 **Réponds** à chaque question en écrivant une phrase.

Comment s'appelle le chien ?

....

Pourquoi Aristote n'avait-il plus envie de voir le chien ?

....

Pourquoi, un jour, Gruffo a-t-il pu poursuivre Aristote ?

....

Sur la route, que voit Aristote arriver droit sur lui ?

....

2 **Remplace** les mots en gras par les mots employés dans le texte.

- Le chien **courait** maintenant vers lui.
Le chien .... maintenant vers lui.

- Une mâchoire pleine de **dents pointues**.
Une mâchoire pleine de ....

- Je vois cette vieille femme qui **arrive** de nulle part.
Je vois cette vieille femme qui .... de nulle part.

3 **Écris** qui est désigné par le pronom ou le groupe de mots en gras.

Aristote se retrouva nez à nez avec Gruffo qui **l'**avait suivi sans bruit. l' : ....

Je vois **cette vieille femme** qui débarque de nulle part.
cette vieille femme : ....

Le son [ɲ] comme

1 **Nomme** les dessins. **Entoure** le dessin quand tu entends [ɲ].

  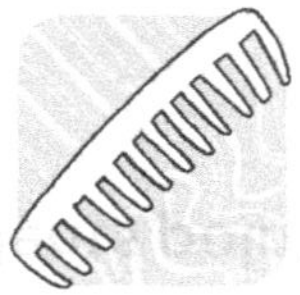  

2 **Nomme** les dessins.
Entoure le point qui correspond à l'endroit où tu entends [ɲ].

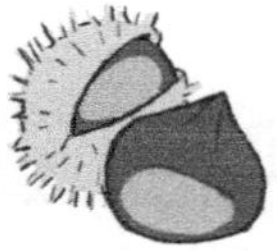    

● ● ● ● ●   ● ● ● ● ●   ● ● ● ● ●   ● ● ●   ● ● ● ● ●

3 **Lis** les mots. Puis **recopie**-les sur la bonne ligne.

la montagne – la vigne – le dernier – soigner – une ligne – la signature – un poignet – un panier – un agneau

[ɲ] s'écrit **gn** : ……………………………………………

……………………………………………

[ɲ] s'écrit **ni** : ……………………………………………

4 **Écris** les réponses aux devinettes.

Je suis le contraire d'affreux : ……………………………

Je suis l'arbre où poussent les prunes : le ……………………………

Je suis ce que fait la souris quand elle mange du fromage :
elle le …………………… .

Le son [ɲ] comme

1 **Recopie** les mots de chaque ligne dans lesquels tu entends [ɲ].

la peine – un peigne : ……………………………

le champignon – un champion : ……………………………

un signe – un singe : ……………………………

un anneau – un agneau : ……………………………

une ligne – du linge : ……………………………

un montage – une montagne : ……………………………

pané – un panier : ……………………………

dernier – derrière : ……………………………

2 **Complète** chaque phrase avec un mot de la famille du mot en gras.

Il a oublié de **signer** le chèque, il manque sa …………………… .

Liam écrit avec **soin**, il …………………… son travail.

Elle **peignera** ses longs cheveux avec un …………………… .

Tu te **baignes** dans une …………………… .

3 **Écris** avec un déterminant le mot qui correspond à chaque définition.
Puis **récris** ce mot au pluriel.

Plante sur laquelle pousse le raisin : ……………………………

Trait long et fin : ……………………………

Partie du corps entre le bras et la main : ……………………………

4 **Écris** le nom de chaque arbre.

La prune pousse sur un ……………………………

La banane pousse sur un ……………………………

Les châtaignes poussent sur un ……………………………

Fiche 108+

Les relations entre les mots d'un texte (4)

1 **Recopie** les verbes avec leur sujet sur la bonne ligne.

Aristote grimpait sur le toit.

Il regardait la rivière.

Maintenant, **Aristote** est sage.

Il regarde la sorcière.

Plus tard, **il restera** sur les genoux de la sorcière.

Il ne **quittera** plus la maison.

Les verbes sont conjugués au présent :

....

....

Les verbes sont conjugués à l'imparfait :

....

....

Les verbes sont conjugués au futur :

....

....

Entoure la terminaison de chaque verbe.

2 **Écris** la phrase ci-dessous au temps indiqué.

Aristote et Socrate (**monter**) sur le toit.

- présent : ....
- futur : ....
- imparfait : ....

Fiche 108++

Les relations entre les mots d'un texte (4)

1 **Récris** chaque phrase au présent avec le sujet proposé.

Je mange. Vous ....

Le magasin ferme. Les magasins ....

Entoure la terminaison de chaque verbe.

2 **Récris** chaque phrase à l'imparfait avec le sujet proposé.

Je marchais. Nous ....

Le camion roulait. Les camions ....

Entoure la terminaison de chaque verbe.

3 **Récris** chaque phrase au futur avec le sujet proposé.

Je marcherai. Nous ....

Le camion roulera. Les camions ....

Entoure la terminaison de chaque verbe.

4 **Indique** l'infinitif de chaque verbe.
Relie chaque verbe au temps auquel il est conjugué.

....	Il **mangera**. •	
....	Tu **chantais**. •	
....	Elles **marchent**. •	• présent
....	Nous **dansions**. •	• imparfait
....	J'**ai** chaud. •	• futur
....	Vous **parlerez**. •	
....	Nous **sommes** sages. •	

Fiche 109+

Des phrases et des groupes nominaux (2)

1 **Lis** ce texte.

Est-ce que vous connaissez Aristote ?
C'est un vieux chat. Il ne fait plus de bêtises.
Il aime rester auprès de Bella Donna, la gentille sorcière.
C'est maintenant un chat calme.

Indique le nombre de phrases : ....

Recopie la phrase interrogative.

....

Recopie la phrase négative.

....

2 **Entoure** *de qui on parle* et *ce qu'on en dit*.

Le vieux chat ne fait plus de bêtises.

La sorcière est toujours avec lui.

Aristote est un chat calme.

Récris la dernière phrase en ajoutant *Maintenant* au début de la phrase.

....

3 **Souligne** les adjectifs, puis **recopie**-les.

le vieux chat - un chat calme - une vieille sorcière - des potions magiques - un gros animal - un balai neuf

....

....

Fiche 109++

Des phrases et des groupes nominaux (2)

1 **Lis** ce texte.

Est-ce que vous connaissez Aristote ?
C'est un vieux chat. Il ne fait plus de bêtises. Il aime rester auprès de Bella Donna, la gentille sorcière. Il passe toute la journée devant la cheminée. C'est maintenant un chat calme. Le soir, il part avec Bella Donna sur son balai.

Indique le nombre de phrases : ....

Recopie la phrase interrogative.

....

Recopie la phrase négative.

....

Souligne les trois adjectifs dans le texte.

2 **Relie** chaque groupe nominal masculin singulier à son pluriel.

un œil bleu •	• des élèves absents
un animal féroce •	• des animaux féroces
un élève absent •	• des yeux bleus
un chaton turbulent •	• des trains anciens
un train ancien •	• des chatons turbulents

Puis **recopie** tous les adjectifs.

....

....

....

Fiche 110+

Les 9 vies d'Aristote (12)

1 **Complète** les réponses aux questions.

- À quoi sert le chaudron de Bella Donna ?

Le chaudron de Bella Donna sert à ....

....

- Pourquoi Aristote ronronne-t-il très fort ?

Aristote ronronne très fort parce qu'il ....

....

2 **Recopie** la phrase qui indique ce que fait Aristote quand il a retrouvé son chemin et arrive à la chaumière.

....

....

3 **Remplace** le mot en gras par le mot employé dans le texte.

Quand il fut remis de sa double **peur**.

Quand il fut remis de sa double ....

4 **Écris** qui est désigné par les mots en gras.

Il va avec **elle** sur son balai porter les remèdes aux enfants malades, toutes les nuits.

Il : .... elle : ....

5 **Écris** qui parle à qui.

- Eh bien, mon garçon, tu l'as échappé belle.

.... parle à ....

Fiche 110++

Les 9 vies d'Aristote (12)

1 **Réponds** à la question en écrivant une phrase.

À quoi sert le chaudron de Bella Donna ?

....

2 **Remplace** les mots en gras par les mots employés dans le texte.

- Quand il fut remis de sa double **peur**.

Quand il fut remis de sa double ....

- Aristote réussit à retrouver **difficilement** le chemin de la chaumière.

Aristote réussit à retrouver .... le chemin de la chaumière.

- ronronnant **en faisant beaucoup de bruit**

ronronnant comme ....

- Il va avec elle sur son balai porter les **médicaments** aux enfants malades.

Il va avec elle sur son balai porter les .... aux enfants malades.

3 **Écris** qui est désigné par les pronoms en gras.

Il va avec **elle** sur son balai porter les remèdes aux enfants malades, toutes les nuits.

Il : .... elle : ....

Ils sont heureux dans la vieille maisonnette au toit de chaume.

Ils : ....

Recopie la première phrase en remplaçant les mots en gras par la personne ou l'animal désigné.

....

Des mots du roman

1 **Lis** ces mots et **recopie**-les dans l'ordre alphabétique.

signature - montagne - vigne - soigner

....

2 **Relie** chaque groupe de mots à son sens.

une chaumière •	• Il se cache en se faisant le plus petit possible.
la litière de paille •	• des dents qui font très peur
des crocs redoutables •	• la paille où dort un animal
Il se tapit. •	• une maison avec un toit en paille

3 **Remplace** les mots en gras par ces mots.

fixe - bruyants - endormi - délicieux

- Le chien est **en train de dormir**.

Le chien est ....

- Il entend des ronflements **qui font du bruit**.

Il entend des ronflements ....

- Aristote **regarde sans bouger les yeux** l'ouverture de la niche.

Aristote .... l'ouverture de la niche.

- Le lait de la cruche est **très bon**.

Le lait de la cruche est ....

4 **Recopie** la phrase en remplaçant le mot en gras par un mot qui a le même sens.

Aristote est **effrayé**. ....

Des mots du roman

1 **Lis** ces mots et **recopie**-les dans l'ordre alphabétique.

signature - montagne - vigne - soigner - ligne - agneau - âne

....

....

2 **Remplace** l'adjectif *apeuré* par deux autres adjectifs qui ont le même sens.

Aristote est apeuré.

Aristote est .... Aristote est ....

3 **Relie** chaque mot à sa définition.

se cramponner •	• se cacher en se faisant le plus petit possible
se tapir •	• se tenir très fortement à quelque chose
fixer •	• très bon
délicieux •	• un chien de garde énorme
rompre •	• dormir à moitié
être assoupi •	• regarder sans bouger les yeux
un molosse •	• casser

4 **Recopie** les phrases en remplaçant chaque mot en gras par un mot de la même famille.

Le chien **dort** profondément. Il est profondément ....

Les ronflements sont **bruyants**. Ils font du ....

Il entend un bruit **métallique**, un bruit de ....

Le toit de la maison est en **chaume**, c'est une ....

Les animaux n'ont pas de **lit**, ils dorment sur de la ....

Fiche 112+

Raconter l'aventure d'Aristote

Complète les phrases avec ces mots et ces verbes conjugués au présent.

la cheminée - du lait - une grosse cruche -
en haut d'un arbre - la tasse - entre les rails - nez à nez

monter - dégringoler - retourner - grimper -
marcher - éternuer - arriver

- **Sur le toit**

Aristote .... sur le toit et ....

....

- **La cruche**

Aristote veut boire .... dans ....

La cruche se .... sur lui.

- **Dans la rivière**

Aristote .... et le vent

le fait tomber dans la rivière. Il boit ....

- **Le train**

Aristote .... sur la voie ferrée. Il se tapit ....

.... pour ne pas être écrasé par le train.

- **La niche du chien**

Aristote s'approche de la niche du chien qui dort.

Aristote ...., le chien sort en trombe de sa niche.

- **Le camion et le chien**

Aristote court sur la route et un camion ....

Le camion freine. Aristote se retourne et se retrouve ....

.... avec le chien. Bella Donna fait fuir le chien.

Vérifie que tu as conjugué les verbes au présent.

Fiche 112++

Raconter l'aventure d'Aristote

Complète les phrases pour raconter les aventures d'Aristote.
Emploie les verbes entre parenthèses au présent.

- **Sur le toit** *(monter, dégringoler)*

Aristote ....

....

- **La cruche** *(se retourner)*

Aristote veut boire ....

....

- **Dans la rivière** *(grimper, balancer, basculer, plonger)*

Aristote ....

....

....

- **Le train** *(marcher, passer)*

Aristote .... sur la voie ferrée. Il se tapit ....

.... et le train ....

- **La niche du chien** *(éternuer)*

Aristote s'approche du chien endormi. Aristote ....

....

- **Le camion et le chien** *(arriver)*

Aristote court sur la route et un camion ....

Le camion freine. Aristote se retourne et se retrouve ....

.... avec le chien. Bella Donna fait fuir le chien.

Vérifie que tu as mis les majuscules et les points et que tu as conjugué les verbes au présent.

Imprimé en France par EPAC Technologies
N° d'impression : 4550414322620
Dépôt légal : mars 2020